Inhaltsverzeichnis

Inhaltsverzeichnis

Inhaltsverzeichnis

5 Min. Körnerbrötchen

Mechthild Bogoslaw

Zutaten

400 ml Wasser, lauwarm
1 Würfel Hefe
10 g Honig
2 TL Salz
2 EL Essig (Apfelessig)
100 g Sonnenblumenkerne
450 g Mehl (Weizenmehl)
100 g Mehl (Roggenmehl)

Hefe und Wasser in den Mixtopf geben & **10 Sek./ Stufe 2** mischen. Honig, Salz und Essig dazugeben und ebenfalls **Stufe 2** verrühren. 1 Minute ruhen lassen. Mehl zugeben und **3 Min./Brotstufe** verkneten.Dann mit Mehl bestäuben und daraus ca. 60 g große Kugeln formen.

Diese auf ein Backblech setzen und oben längs einschneiden. Mit etwas Mehl bestäuben. Das Backblech auf die mittlere Schiene in den kalten Ofen schieben und O/U Hitze auf 210°C einstellen. Nach etwa 25 Minuten in die Saftpfanne ca. 500 ml kochendes Wasser einschütten. Den Ofen wieder schließen. Gesamtzeit 40 Minuten, bis die Brötchen schön braun sind.

Amerikanische Kleeblattbrötchen

Rebecca van Deelen

Zutaten

400 g Weizenmehl
1 Pr. Salz
¼ L Milch
60 g Fett
1 P. Hefe
1 TL Zucker

Alle Zutaten in den Mixtopf füllen und **3 Min./Brotstufe** verkneten. Nun umfüllen und ca. 30 Min. gehen lassen.

Zu kleinen Bällchen rollen, von denen man jeweils 3 zusammen in einem Loch einer gefetteten Brötchenform anordnet. Erneut gehen lassen und bei 225°C, 15 bis 20 Min. backen.

Apfel - Zimt - Brötchen

Michaela Geigenfeind

Zutaten

2 Becher Mehl
2 TL Backpulver
30 g Butter
(in kleine Würfel geschnitten)
1 Apfel, geschält & geraspelt
2 EL Zucker
1 TL Zimt, gemahlen
1 Ei, schaumig geschlagen
80 ml Milch
1 EL Zucker zum Bestreuen
etwas Zimt, gemahlen,
zum Bestreuen

Den Backofen auf 220°C vorheizen. Apfel schälen und in den Mixtopf geben. Nun **5 Sek./Stufe 6-7** zerkleinern. Restl. Zutaten zugeben und **3 Min./Brotstufe** verarbeiten. (etwas Milch zurück behalten). Nun auf ein bemehltes Brett geben. Leicht kneten, ca. 2-cm-dick flachdrücken oder ausrollen. Mit einem runden Plätzchen-Ausstecher Scheiben ausstechen. Diese auf ein eingefettetes Backblech legen und mit der restlichen Milch bestreichen. Mit Zucker und Zimt bestreuen. Die Scheiben 10-12 Minuten backen.

Tipp: Noch warm mit Butter servieren.

Äpfel - Brötchen

Michaela Geigenfeind

Die Äpfel schälen, vierteln und entkernen. Dann die Viertel in Spalten schneiden und mit Zitronensaft beträufeln. Butter, Eier, 50 g Zucker in den Mixtopf geben und **1 Min./50°C/Stufe 2** erwärmen. Restl. Zutaten zufügen und **2 ½ Min./Brotstufe** verkneten. Die Apfelspalten vorsichtig **Stufe 1** unterheben.

Mit Hilfe von 2 Esslöffeln 8 Häufchen auf ein mit Backpapier ausgelegtes Blech geben. 20 g Zucker mit dem Zimt mischen und über die Brötchen streuen. Im vorgeheizten Ofen bei 200°C ca. 20-25 Min. backen.

Tipp: Schmecken am besten wenn sie heiß gegessen werden.

Zutaten

2 kleine Äpfel, säuerliche
70 g Butter
1 EL Zitronensaft
70 g Zucker
1 Ei
100 ml Milch
250 g Mehl
½ P. Backpulver
1 TL Zimt

Ausgeruhte Brötchen

Evelyn Ruckgaber

Alle Zutaten ca. **2 Min./ Brotstufe** verkneten. Den Teig in einen Gefrierbeutel geben und über Nacht in den Kühlschrank stellen. Herausnehmen und ca. 10 Brötchen formen, kurz mit Wasser besprühen und in verschiedene Körner tunken. 20-30 Min. gehen lassen. Anschließend im vorgeheizten Backofen 20 Min. – 25 Min. bei 220°C backen.

Zutaten

600 g Mehl Type 405
2 TL Salz
2 EL Sauerteigpulver
1 EL Brötchenbackmittel
1 TL Zucker
1 Würfel Hefe
350 g Wasser

Bagels

Evelyn Ruckgaber

Alles in den Mixtopf geben und **2 Min./Brotstufe** mischen. Im Topf gehen lassen bis der Teig oben aus dem Topf rausschaut (ca. 45-60 Min.) dann erneut **2 Min./Brotstufe** kneten. Nun ca. 60 g schwere Kugeln formen und mit einem Kochlöffel oder mit dem Finger ein Loch in die Mitte bohren, kreisförmig bewegen um das Loch zu vergrößern. Jetzt Wasser zum Kochen bringen und jeden Bagels 15 Sek. von jeder Seite ziehen lassen. Nun mit einer Schaumkelle rausholen und auf ein Blech mit Backpapier mit Käse, Mohn, Sesam usw. nach Lust und Geschmack bestreuen Heißluft 180-200°C, 20-25 Min. goldgelb backen.

Zutaten

TEIG:
450 g Mehl (405)
50 g Speisestärke
3/4 Würfel Hefe
1 TL Salz
3 TL Brauner Zucker
1 TL Backmalz (wenn vorhanden)
300 ml Wasser lauwarm
ZUM BESTREUEN:
Käse, Mohn, Sesam

Baltische Speckbrötchen

Sandra Huber

Aus den Zutaten für den Teig im Thermomix **2 Min./ Brotstufe** einen geschmeidigen Hefekloß kneten. Im Mixtopf warm stellen und gehen lassen. Ca. 30 Min. In der Zwischenzeit den gewürfelten Speck zusammen mit den Zwiebelwürfeln auslassen und goldgelb braten.

Den Teig erneut durchkneten. Ausrollen. Handtellergroße, 1 cm dicke Kreise ausstechen. Etwas Füllung auf die Mitte geben. Teigränder nach oben zusammendrücken. Auf einem gefettetem Backblech erneut gehen lassen. Bei 200°C, 15 bis 20 Minuten backen. Die Brötchen schmecken noch würziger, wenn man die Speckstreifen nicht vorher anbrät!

Zutaten

TEIG:
- 250 g Weizenmehl
- 1 TL Salz
- 1/8 L Milch
- 70 g Fett
- ½ P. Hefe
- 1 TL Zucker

FÜLLUNG:
- 500 g durchwachsener Speck
- 200 g Zwiebeln

Bauernbrötchen

Zutaten

250 g Mehl Type 1050
(evtl. 100 g durch gemahlenen Dinkel ersetzen)
150 g Roggenmehl
2 TL Kümmel
1 Würfel Hefe
1 TL Salz
300 ml warmes Wasser

Alle Zutaten in den Mixtopf geben und **2 ½ Min./Brotstufe** verkneten und im Topf 20 Min. gehen lassen. Auf einer bemehlten Arbeitsfläche nochmals per Hand durchkneten und Brötchen abstechen und formen und Schlitze mit einem scharfen Messer oder einer Schere einschneiden. Auf ein mit Backpapier ausgelegtes Blech setzen und nochmals 10 Min. gehen lassen. Mit Wasser einsprühen, nun im vorgeheizten Backofen 20 Min. 180°C Umluft backen.

Bauern Krüstchen

ca. 18 Brötchen

Zutaten

2 EL gehackte Walnüsse
500 g Brotbackmischung für Bauernkruste
340 ml lauwarmes Wasser
2 EL Sonnenblumenkerne
2 EL Speckwürfel

Walnüsse im Mixtopf **10 Sek./Stufe 8** hacken und umfüllen. Backmischung mit dem Wasser auf **3 Min./Stufe 4** verkneten. An einem warmen Ort zugedeckt ca. 30 Min. gehen lassen. Teig auf eine bemehlte Arbeitsfläche geben nun nochmals per Hand durchkneten und in 3 Teile teilen. Jeweils einen Teil mit Sonnenblumenkernen, Walnüssen und mit gebratenen Speckwürfeln vermischen und zu je 6 Brötchen formen. Die Brötchen nochmals an einem warmen Ort 30–45 Min. gehen lassen. Anschließend die Brötchen auf ein mit Backpapier belegtes Blech geben und im vorgeheizten Backofen bei 230°C für 20 Min. goldbraun backen.

Berliner Schrippen

Sandra Huber

Zutaten

1 kg Mehl Type 550
1 Hefewürfel
1 TL Salz
5 EL lauwarmes Wasser
550 ml lauwarmes Wasser

Alle Zutaten in den Mixtopf geben & **3 Min./Brotstufe** zu einem geschmeidigen Teig verkneten. Im Mixtopf 20 Minuten gehen lassen. Danach nochmals durchkneten und weitere 15 Minuten gehen lassen. Brötchen formen und nochmals 30–45 Minuten gehen lassen. In dieser Zeit mit den Fingerkuppen einen Schlitz oder eine Rille in die Brötchen drücken und dann wenden.

Die Brötchen mit Wasser bestreichen und im vorgeheizten Backofen etwa 15 bis 20 Min. backen. E-Herd: 225°C, Gas: Stufe: 4

Berliner Schusterjungen

Sandra Huber

Zutaten

200 g Weizenmehl
400 g feines Roggenmehl
1 Pr. Salz
1 P. Hefe
3/8 L Wasser
1 TL Zucker

Zutaten in den Mixtopf geben und **3 Min./Brotstufe** verkneten bis ein klebriger Teig entsteht. Im Topf lassen und ca. 30 Min. gehen lassen. Unter Mehlzugabe erneut durchkneten. Bällchen formen, flach drücken und mit groben Salz bestreuen. Auf einem gefettetem Backblech noch einmal gehen lassen und bei 200°C bis 220°C 15 bis 20 Minuten backen.

Brezel / Stangen

Milch, Hefe, Zucker - **2 Min./50°C/Stufe 3** vermischen. Margarine, Eigelb, Mehl, Salz hinzufügen und nochmals **3 Min/Brotstufe** verarbeiten. Teig in eine Schüssel füllen und an einem warmen Ort ca. 50 Min. gehen lassen.

12 Stangen oder Brezel formen und auf ein mit Backpapier ausgelegtem Backblech legen und nochmals ca. 15 Min. gehen lassen. Mit dem übrig gebliebenem Eiweiß bestreichen und ca. 15 -20 Min./200°C backen.

Zutaten

220 ml Milch
30 g Hefe
50 g Zucker
40 g Margarine
1 Eigelb
500 g Mehl Type 405
½ TL Salz

Brezel

Alle Zutaten in den Mixtopf geben und auf **3 Min./ Brotstufe** kneten. Den Teig an einem warmen Ort auf das doppelte Volumen gehen lassen. Den Teig abstechen und Brezeln formen.

Natronlauge: 2 TL Natron, 1 ½ MB heißes Wasser. Natron mit heißem Wasser überbrühen (auf keinen Fall ein Plastikgefäß verwenden). Die Brezeln darin eintauchen, mit Hagelsalz oder Käse bestreuen. Auf ein Backblech mit Backpapier legen und bei 200°C, ca. 20 - 30 Minuten backen.

Zutaten

- 600 g Weizenmehl Type 405
- 1 Würfel Hefe
- 2 TL Salz
- 4 ½ MB lauwarme Milch

Brötchenstangen

Beate Sageder

Alle Zutaten in den Mixtopf geben & **3 Min./Brotstufe** verkneten und 1,5 Stunden gehen lassen, in 12 Portionen teilen und jeweils längliche Brötchen formen, kreuzweise einschneiden, abgedeckt 15 Minuten ruhen lassen, mit lauwarmem Wasser bestreichen und in dem auf 250°C, Umluft 225°C vorgeheizten Backofen auf der oberen Schiebeleiste 15 Minuten backen.

Zutaten

TEIG:

600 g Mehl
2 TL Salz
1 TL gemahlenem Kreuzkümmel (Kumin)
1 TL gemahlenem Koriander
1 Würfel frische Hefe
400 ml lauwarmes Wasser

Brötchen

Beate Sageder

Zutaten

- 500 g Mehl Type 1050
- 1 TL Salz
- 40 g Hefe
- 1 Ei
- ¼ l Milch
- 1 TL Zucker
- zum bestreichen 1 Ei

Alles **3 Min./Brotstufe** vermengen. So lange gehen lassen bis der Teig sich verdoppelt hat, nochmals **1 Min.** auf **Stufe 3** kneten, wieder ca. 15 Min. gehen lassen. Aus dem Teig Brötchen formen und noch mal 15 Min. ruhen lassen dann erst backen. 10 Min. bis 20 Min. bei 220°C/200°C backen.

Brötchen oder Semmeln

Angelika Willhöft

Hefe, Zucker, Wasser und Butter **2 Min./50°C/Stufe 2** verrühren. Mehl und Salz zugeben und kurz auf **Stufe 4** verrühren. Dann **2 ½ Min./ Brotstufe** verkneten.

Ca. 30 Min. gehen lassen und nochmals **1 Min./Brotstufe** kneten. Semmeln formen und nochmals gehen lassen. Mit Wasser besprühen und mit Körnern, bestreuen. Bei 225°C ca. 20 Min. backen.

Zutaten

600 g Mehl
30 g Hefe
300 ml lauwarmes Wasser
50 g Butter
1 EL Zucker
2 TL Salz

ZUM BESTREUEN
Körner (Mohn, Sesam, etc.)

Brötchenkranz

Alle Zutaten **2 Min./ Stufe 3** verkneten. Brötchen formen und einzeln in Körner nach Belieben drücken (Mohn, Sesam, Sonnenblumenkerne, Kümmel etc.) und ohne Gehzeit in den kalten Backofen legen. Ca. 20–30 Min. bei 200°C backen. Der Teig lässt sich mit eingeölten Händen super formen.

Zutaten

500 g Mehl Type 405
1 Würfel Hefe
50 g Distelöl
250 g lauwarmes Wasser
1 TL Salz
1 Pr. Zucker

Brötchenrad

Kerstin Hagel

Von Mehl bis Wasser alles in den Mixtopf geben ca. **2 Min./Brotstufe** kneten. Teig umfüllen und gehen lassen, bis sich sein Volumen verdoppelt hat. Runde Brötchen formen und die Oberfläche mit Wasser einsprühen und anschließend in verschiedene Körner tunken.

Die Brötchen als Brötchenrad auf einem Backblech anordnen. Nochmals 30 Minuten gehen lassen und anschließend ca. 20 bis 25 Minuten bei 200°C goldbraun backen.

Zutaten

350 g Weizenmehl Type 550
150 g Hartweizengrieß
1 Würfel Hefe
2 EL Distelöl
1 TL Salz
1 Pr. Zucker
250 g Wasser (lauwarm)
verschiedene Körner (Sesam, Sonnenblumenkerne, Kürbiskerne, Mohn, Kümmel oder auch Hagelsalz etc.)

Brötchenstuten

Alle Zutaten im Thermomix ca. **2 Min/Stufe 3** verkneten. Im Topf ca. 30 Min. gehen lassen und anschließend kleine Teiglinge Brot formen und bei 200°C ca. 15 bis 20 Min. backen

Zutaten

- 500 g Dinkelmehl Type 630
- 270 ml lauwarmes Wasser
- 1 TL Salz
- 1 Würfel Hefe
- 1 TL Zucker
- 2 EL Distelöl

Brötchen-Sonne

Sesam, Sonnenblumenkerne, Kürbiskerne, Mohn etc. zum Bestreuen. Mehl, Grieß, Hefe, Öl, Salz und Wasser in den Mixtopf geben und **Min./Brotstufe** verkneten. Umfüllen und ca. 30 Min. gehen lassen. Brötchen formen und diese mit Wasser besprühen und in die Körner tauchen.

Die Brötchen als Brötchensonne auf ein Backblech legen. Nochmals 30 Min. gehen lassen und anschließend ca. 20 Minuten bei 200°C backen. Wasserschälchen nicht vergessen.

Zutaten

- 350 g Weizenmehl Type 550
- 150 g Grieß
- ½ Würfel Hefe
- 2 EL Distelöl
- 1 TL Salz
- 250 g lauwarmes Wasser

Brötchen aus Sauerteig

Alles zusammen in den Mixtopf geben und **2 Min./ Brotstufe** zu einem Teig verarbeiten. 12 Brötchen formen und bei 40°C im Backofen ca. 15 Minuten gehen lassen. Anschließend ca. 25-30 Minuten bei 200°C backen lassen.

Tipp: Mit Wasser besprühen und Mohn/Sesam darüber streuen.

Zutaten

- *500 g Mehl Type 405*
- *1 Würfel Hefe*
- *1 gest. EL Salz*
- *30 g Öl*
- *1 TL Sauerteigextrakt*
- *250 ml kaltes Wasser*

Buchweizen - Vollwert Krüstchen

Rebecca von Deelen

Zutaten

200 g Buchweizen
100 g Weizen
200 g Dinkel
130 g Wasser
10 g Weizenkleie
½ Würfel Hefe
250 g Buttermilch
2 TL Salz
1 EL Trockensauerteigpulver

Buchweizen und Weizen je **1 Min./Stufe 10** mahlen und in eine Schüssel umfüllen. Dinkel ebenfalls **1 Min./ Stufe 10** mahlen. Wasser, Weizenkleie, Hefe, Buttermilch dazu geben und **2 Min./37°C/ Stufe 2** erwärmen. Gemahlenes Weizenmehl, Buchweizenmehl, Salz, Trockensauerteigpulver zugeben und **10 Min./ Brotstufe** verarbeiten. Anschließend 1 Std. im Mixtopf gehen lassen, bis sich der Deckel anhebt. Backofen auf 220°C vorheizen. Brötchen formen und ruhen lassen, bis der Ofen die Temperatur erreicht hat. Die Brötchen mit Wasser besprühen und ca. 20-25 Min. backen.

Butterhörnchen

Monika Sendler

Kalte Butter im Mixtopf auf **5 Sek./Stufe 5** geschmeidig rühren, und umfüllen. Topf NICHT spülen. Nun Milch, Zucker, Salz, Hefe in den Mixtopf füllen und **3 Min./40°/ Stufe 3** erwärmen. Jetzt Mehl zugeben **3 Min./Brotstufe** verkneten. Teig entnehmen und in Stücke teilen und diese zu Kugeln formen und dann sehr dünn ausrollen und mit Butter bestreichen. Wieder alle aufeinander legen und in Tortenstücke aufteilen. Nun noch von der breiten Seite her aufrollen so dass ein Hörnchen entsteht. Auf ein Backblech geben und mit Milch einpinseln. Im vorgeheizten Backofen ca. 20–25 Min. bei 180°C Umluft backen. Nach dem Backen nochmals mit Milch einstreichen.

Zutaten

150 g Kalte Butter
200 g Milch
3 EL Zucker
½ TL Salz
½ Würfel Hefe
350 g Mehl Type 405

Buttermilchbrötchen

Manuela Günther

Weizen **1 ½ Min./ Stufe 10** mahlen. Alle Zutaten in den Mixtopf füllen und **3 Min./ Brotstufe** zu einem Teig verarbeiten.

Auf einer bemehlten Arbeitsfläche Stücke abschneiden und zu Brötchen formen. Diese mit einer Schere oben einschlitzen und bei 180°C Umluft ca. 20 Min. backen.

Zutaten

250 g Weizen
250 g Weizenmehl
1 Würfel Hefe
1 Pr. Zucker
1 TL Salz
evtl. Brotgewürz
ca. 350 ml Buttermilch
nach Belieben Saaten

Camping- gedrehte Vollkorn Schokobrötchen

Kristina Grunewald

Zutaten

1000 g Weizenmehl
150 g Margarine oder Butter,
120 g Zucker
2 Eier
2 TL Salz
1 Würfel Hefe
ca. 450 ml Buttermilch
Vanillezucker
Zitronenschale gerieben nach Geschmack

Alles in den Mixtopf füllen und **2 ½ Min./Brotstufe** verarbeiten. 15 Min. gehen lassen und dann in 2 Teile teilen. Unter den ersten Teil knetet man 150 g Hagelzucker und Rosinen. Der zweite Teil bleibt so. Beide Teile werden nun in 50 g Stücke abgewogen. Nun nimmt man vom ersten Teil mit Hagelzucker und vom zweiten Teil ohne und drückt sie etwas zusammen und Sie werden miteinander verdreht. Die Teigstücke werden auf ein vorbereitetes gefettetes Blech gegeben und 30 Min. abgedeckt gehen lassen. Nun 1 Eigelb mit etwas Milch verquirlen und die Brötchen damit einpinseln. Mit einem Messer einmal in der Mitte einschneiden. Nun noch bei 180°C ca. 20–25 Min. backen.

Ciabattabrötchen

Kristina Grunewald

Zutaten

350 g Weizenmehl Type 550
150 g Hartweizengrieß
1 Würfel Hefe
2 EL Olivenöl
1 TL Salz
evtl. 1 TL TK- Kräuter
250 g lauwarmes Wasser

Alles in den Mixtopf füllen und **2 Min./Stufe 3-4** durchkneten. In eine Schüssel umfüllen und an einem warmen Ort ca. 30 Min. gehen lassen. Auf eine bemehlte Arbeitsfläche geben und Brötchen daraus formen. Mit etwas Mehl bestäuben und auf eine Backblech legen und nochmals 10 Min. gehen lassen. Dann bei 200°C (vorgeheizt) ca. 20 bis 25 Min backen. Oder aus dem Teig 1-2 Baguette formen, ein wenig einschneiden und ebenfalls 200°C/25-30 Min. backen.

Dampfbrötchen

Alle Zutaten in den Mixtopf geben **3 Min./Brotstufe** zu einem Teig verarbeiten. Im Mixtopf 30 Min. gehen lassen. Erneut durchkneten. Brötchen formen und auf ein gefettetes Blech setzen. Erneut ca. 15 Min. gehen lassen. Oberfläche einschneiden und mit Fett bestreichen.

Beim Einschieben in den vorgeheizten Ofen 125 ml kochendes Wasser in die Fettpfanne die in der untersten Schiene liegt eingießen und die Tür schnell schließen. Nach 5 Minuten den selben Vorgang wiederholen. Bei 225°C ca. 15 bis 20 Minuten backen.

Zutaten

500 g Weizenmehl
1 Pr. Salz
125 ml Milch
125 ml Wasser
10 g Fett
1 P. Hefe
1 TL Zucker

Dinkel-Brötchen

Manuela Günther

Dinkel ca. **2 Min./Stufe 10** mahlen, anschließend Weizenmehl hinzufügen. Hefe, Öl, Wasser, Salz, Zucker mischen und ebenfalls in den Mixtopf geben. Alles **3 Min/ Brotstufe** verkneten. Teig aus dem Mixtopf nehmen und daraus schöne Brötchen formen und sie anschließend mit der Oberseite in verschiedene Saaten drücken. (Sesam, Mohn, Sonnenblumenkerne etc.) Im Backofen bei 50°C ca. 15 Min. gehen lassen und anschließend bei 230°C ca. 25–30 Min. backen. Schälchen mit Wasser in den Ofen stellen und kurz vor Backende die Brötchen noch mal mit Wasser besprühen.

Zutaten

- 200 g Dinkel
- 300 g Weizenmehl
- 1 Würfel Hefe
- 50 g Öl
- 250 g lauwarmes Wasser
- 1TL Salz
- 1TL Zucker
- verschiedene Saaten drücken (Sesam, Mohn, Sonneblumenkerne etc.)

mmmhh Lecker

DDR-Brötchen

ca. 8-10 Brötchen

Die Zutaten in den Mixtopf geben und **3,5 Min./Brotstufe** verkneten. Umfüllen und 45 Min. gehen lassen. Dann etwa 50 g Stücke davon abnehmen und diese jeweils in der Hand rund stoßen. Nun auf ein mit Mehl bestäubtes Backblech setzen, Abstand von ca. 10 cm nicht vergessen. Etwa 20 Minuten stehen lassen, bis die Teigstücke größer geworden sind. In der Zwischenzeit den Backofen auf 250°C vorheizen (ganz wichtig!!!) Mit einem scharfen Messer dann einen Schnitt auf der Oberfläche machen, wie es bei Brötchen üblich ist. Die Brötchen mit Wasser bepinseln und in den vorgeheizten Backofen schieben, so dass sie gleich einen Schock bekommen. Eine halbe Tasse (ruhig heißes) Wasser in den Backofen schütten (nicht auf das Backblech !!!!!! einfach unten auf das unterste Blech) und eine Tasse ebenfalls halbvoll Wasser mit beim Backen hinein stellen in den Ofen. Die Tür nun nicht mehr öffnen !!! und das ganze ca. 15-20 Minuten backen. Falls die Brötchen noch nicht braun sind, trotzdem raus nehmen. Sie bräunen noch nach und falls doch nicht, dann kann man sie später noch etwas aufbacken. In jedem Fall müssen sie aber nach dieser Zeit aus dem Ofen heraus.

Zutaten

500 g Mehl
40 g frische Hefe
10 g Salz
200 - 250 ml warmes Wasser (ca. 40°C)
25 g Zucker

Vielen lieben Dank an meine Cousine aus Eisenach für das tolle Rezept!

Dinkelbrötchen Lecker Knoten

Jessica Loll

Zutaten

100 g Dinkelkörner
TEIG: 270 g Wasser
40 g Öl
1 Würfel Hefe
20 g Bio-Sauerteig getrocknet
1,5 TL Salz
1 Pr. Zucker
Anschließend:
400 g Weizenmehl
ZUM BESTREICHEN: Eigell
ZUM WÄLZEN: Verschieden
Körner nach Geschmack

Dinkelkörner **1 Minute/ Stufe 10** mahlen und umfüllen. Teigzutaten in den Mixtopf geben & alles **2 Min./37°C/ Stufe 1** mischen. Danach Weizenmehl und das Dinkelmehl dazu geben **2 Min./Brotstufe** verkneten. Den Teig zu 10 Rollen formen, jede Rolle zweimal knoten, mit Eigelb bepinseln und in gemischten Körnern wälzen. In den kalten Backofen mittlere Schiene geben 15 Min./100°C und 10 Min./ 150°C und 10 Min./ 220°C goldgelb backen.

Rezept Seite 33
Dinkelschrippen

Zutaten

- *200 g Dinkel*
- *1 EL Brotgewürz*
- *300 g Mehl*
- *1 TL Salz*
- *1 P. Trockenhefe oder ½ Würfel Hefe*
- *3 ½ MB warmes Wasser*

Dinkelschrippen

Jessica Loll

Dinkel mit Brotgewürz **2 Min./Stufe 10** fein mahlen, anschließend. Alle Zutaten im Thermomix **3 Min./Brotstufe** kneten. Ca. 10 Schrippen formen und einen Schlitz einschneiden, mit Wasser besprühen und mit Sonnenblumenkernen bestreuen. Im vorgeheizten Backofen bei 200°C ca. 20 – 30 Min. backen. (der Teig eignet sich auch für Brot). Ein Schälchen Wasser mit in den Ofen stellen.

Dinkelschrippen mit Schafskäse

Dinkel **1,5 Min./Stufe 10** fein mahlen, Wasser. Hefe, Kartoffeln, Zucker, Meersalz hinzufügen und ca. **5 Min./Stufe 3-4** verkneten. Aus dem Teig anschließend ca. 12 – 14 Brötchen formen und auf ein mit Backpapier ausgelegtes Ofenblech legen. Mit den Fingern oben eine kl. Mulde in die Brötchen drücken und diese mit Schafskäse auf die Mulden füllen. Die Brötchen dann noch mit Pesto einstreichen. Ca. 15–20 gehen lassen. Ofen auf 250°C vorheizen und die Brötchen kurz mit dem Blumensprüher einsprühen und in den Ofen geben. Ofen auf 200°C runterschalten und ca. 20 Min. backen. Ein Wasserschälchen mit in den Ofen stellen, sonst werden die Brötchen trocken. Nach der Hälfte der Zeit nochmals mit Wasser einsprühen.

Zutaten

- *2 x 300 g Dinkel*
- *350 ml warmem Wasser*
- *1 Würfel frische Hefe*
- *80 g gekochte Kartoffeln*
- *1 TL Zucker*
- *1 TL Meersalz*
- *100 g Schafskäse*
- *Pesto*

Dinkelbrötchen gerollt

Belina Cardinale

Zutaten

250 g Dinkel
2 TL Salz
1 EL Rübensaft
1 EL Essig
½ Würfel Hefe
1 EL Butter
200 ml Wasser
200 ml Milch
550 g Mehl Type 405

Dinkel fein mahlen **50 Sek./Stufe 10**, Salz, Rübensaft, Essig, Hefe, Butter, Wasser und Milch dazugeben und nun **30 Sek./Stufe 4** mischen. Anschließend Mehl dazugeben und **3 Min./Brotstufe** verkneten. Auf einer bemehlte Fläche dünn ausrollen und zu einer Rolle aufrollen. Nun in ca. 3 cm dicke Scheiben schneiden und in der Mitte eine Rille mit einem Löffelstiel eindrücken. Auf ein mit Backfolie ausgelegtes Blech legen und ca. 60 Min. abgedeckt gehen lassen. Nun Ofen auf 220°C vorheizen. Brötchen mit Wasser einsprühen und bei 180°C ca. 20 – 25 Min. backen.

Dinkel-Frühstücks-Brötchen

Belina Cardinale

Dinkel, fein gemahlen (jeweils 150 g Dinkel auf **1 Min./Stufe 10** feinmahlen). Hefe und Wasser zufügen und **30 Sek./Stufe 3** verrühren. Restl. Zutaten zugeben & **3 Min./Brotstufe** verarbeiten. Umfüllen und die Schüssel abdecken und über Nacht unten in den Kühlschrank stellen. Am nächsten Morgen den Teig mit einem Löffel durchschlagen, mit Mehl bestäuben und mit bemehlten Händen ca. 9 Teiglinge formen. Das Blech in den kalten Ofen geben und bei 230°C ca. 30 Min. backen.

Zutaten

500 g Dinkel
½ Würfel Hefe
350 g Wasser
1 EL Honig
1 TL Salz
1 EL Essig (Apfelessig)

Dinkelbrötchen mit Mandeln

Zutaten

150 g Dinkel
100 g Mehl Type 550
1 Würfel Hefe,
1 TL Essig oder
2 TL Sauerteigansatz
50 g Mandeln
1 Pr. Salz
150 ml lauwarme Milch
½ TL Zucker

Dinkel in den Mixtopf füllen und auf **10 Sek./ Stufe 10** mahlen. Restliche Zutaten hinzufügen und **3 Min./ Brotstufe** verkneten. ca. 30 Min. gehen lassen und nochmals kurz verkneten lassen.

Aus dem Teig Brötchen formen und diese auf ein mit Backpapier ausgelegtes Blech setzen und nochmals 30 Min. gehen lassen. Mit Wasser besprühen und mit Mandeln bestreuen. Auf mittlerer Schiene im Backofen 180°-200°C 20–30 Min. backen. Schälchen mit Wasser in den Ofen schieben.

Donuts

ca. 12 Stück

Die Teigzutaten in den Mixtopf füllen und auf **3 Min./Stufe 3** verkneten. Den Teig etwa 1,5 cm dick ausrollen und einen Kreis mit dem Durchmesser von ca. 8,5 cm ausstechen. Dazu nimmt man am besten ein rundes Trinkglas. Für das mittlere Loch ein Schnapsglas mit dem Durchmesser von ca. 3,5 cm verwenden. Das Ausbackfett auf 180°C erhitzen, und die Donuts insgesamt auf beiden Seiten 5 Minuten backen. Die Donuts herausnehmen und auf einen Küchenkrepp abtropfen lassen. Mit beliebiger Glasur glasieren und mit bunten Zucker oder ähnlichem garnieren.

Tipp: Ein Kernhausausstecher eignet sich ganz klasse!

Zutaten

75 g Butter
95 g Zucker
2 Eier
125 g Sahne
365 g Mehl
1 gehäufter TL Backpulver

Außerdem:
Fett zum Ausbacken
verschiedene Glasuren
bunter Zucker

mmmhh Lecker

Dönerfladen

Anja Lütjen

Zutaten

- ¼ L Milch
- 1 EL Zucker
- 1 Würfel Hefe
- 500 g Mehl
- 1 EL Salz
- 3 EL Olivenöl

Zum bestreuen:
Hagelsalz, Sesam
Schwarzkümmel, Kürbiskerne

Milch, Zucker, Hefe in den Mixtopf geben und **2 Min./50°C/Stufe 2** vermengen, anschließend Mehl, Salz, Olivenöl hinzufügen und **3 Min./Brotknetstufe** zu einem Teig verkneten. Ca. 30 Min. gehen lassen und in 8 Gleichgroße Stücke teilen, zu Fladen formen, mit Wasser besprühen und mit Hagelsalz, Sesam, schwarzem Kümmel oder Kürbiskernen bestreuen.

Auf ein Backblech setzen und ca. 20–30 Min. im vorgeheizten Backofen bei 200°C abbacken. Mit gemischten Salat füllen und Aioli oder Dressing drüber gießen. Schmeckt auch pur ohne Inhalt. Super zu Gegrilltem!

Dunkle Roggenbrötchen

Alle Zutaten in den Mixtopf füllen und auf **5 Min./Brotstufe** zu einem nicht zu klebrigen Teig verkneten. ca. 30 Min. gehen lassen.

Unter Mehlzugabe erneut durchkneten. Zu Brötchen formen. Auf einem gefettetem Backblech nochmals 15 Min. gehen lassen. Oberfläche einschneiden. Bei 180°C bis 200°C 15 bis 20 Minuten backen.

Zutaten

- 350 g Weizenmehl Type 405
- 350 g Roggenmehl
- 1 ½ TL Salz
- 300 ml Wasser
- ½ Würfel Hefe
- 50 g Sauerteig
- 3 EL Sirup

Eulenbrötchen

Sandra Huber

Zutaten

½ EL Salz
350 g Mehl Type 550
½ EL Zucker
½ Hefewürfel oder
1 P. Trockenhefe
200 ml Wasser

Alles ca. **2 Min. Brotstufe** oder **Stufe 4/2 Min.** verkneten. Umfüllen und entweder ca. 1 Std. oder besser noch über Nacht im Kühlschrank abgedeckt gehen lassen. Ofen auf 250°C Ober-Unterhitze vorheizen. Teig zu einer Rolle formen und mit dem Messer Stücke abschneiden und zu Brötchen formen.

Auf ein mit Backpapier ausgelegtes Blech legen. Ofen auf 220°C vorheizen Blech in die obere Mitte des Backofen schieben und auf 200°C runter stellen ca. 20 bis 25 Min. backen. Ca. 10 Min. vor Backende mit Wasser kurz einsprühen, dann wird die Kruste schöner.

Gerollte Brötchen

Zutaten

- 500 g Weizenmehl
- 1EL Salz
- 250 ml Milch
- 1P. Trockenhefe
- 1TL Zucker
- 70 g Margarine

Milch und Margarine **2 Min./ 50°C/Stufe 2** erwärmen. Restliche Zutaten hinzufügen, dann **2 Min/Brotstufe** verkneten. Den Teig 30 Min. gehen lassen, dann nochmals durchkneten. Längliche Fladen formen und wie Rouladen aufrollen. Auf ein gefettetes Blech geben und nochmals gehen lassen. Mit einer Gabel einstechen. Mit Ei bestreichen und mit Mohn oder Sesam bestreuen. Bei 200-220°C ca. 15-20 Min backen.

Gewürz-Brötchen

Alle Zutaten in den Mixtopf geben und **3 Min./Brotstufe** verkneten, den Teig ca. 30 Minuten zugedeckt an einem warmen Ort gehen lassen. Nochmals gut durchkneten, eine Rolle formen und daraus Hühnerei große Brötchen formen, 15 Minuten gehen lassen. Im auf 250°C vorgeheizten Backofen, mittlere Schiene, ca. 20 Minuten backen.

Zutaten

- 500 ml Buttermilch, lauwarm
- 1 Würfel Hefe
- 1 EL Honig
- 750 g Mehl (Weizenvollkornmehl)
- 1 TL Salz
- 2 TL Kümmel
- 1 TL Fenchelsamen
- 150 ml Öl

mmmhh Lecker

Guten-Morgen-Brötchen

Mechthild Bogoslaw

Haferflocken, Dinkelkörner, Salz in den Mixtopf füllen und **40 Sek./Stufe 10** mahlen. Nun Mehl oder Dinkelmehl, Hefe, Wasser, Leinsamen, Sesam, Natron dazugeben und alles **3 Min./Brotstufe** verkneten. In eine Schüssel geben und gut verschließen. Diese nun über Nacht in den Kühlschrank stellen.

Auf einer bemehlten Arbeitsfläche Brötchen formen und diese auf ein Backblech (Backfolie oder Backpapier vorher auslegen) legen und dann bei 200°C Umluft ca. 20 Min. backen. Ofen vorher vorheizen. Lassen sich gut wieder aufbacken.

Zutaten

- 50 g Haferflocken
- 50 g Dinkelkörner
- 2 TL Salz
- 400 g Mehl Type 550 oder Dinkelmehl Type 630
- ½ Würfel Frischhefe
- 350 ml Wasser
- 1 EL Leinsamen
- 1 EL Sesam
- 1 Pr. Natron

Zutaten

100 g Haferflocken
400 g Weizenmehl Type 405
1 TL Salz
270 ml lauwarmes Wasser
3 EL Distelöl
1 Würfel Hefe oder
2 P. Trockenhefe
1 Pr. Zucker

Haferflockenbrötchen

Mechthild Bogoslaw

Alles in den Mixtopf geben und **2 Min./ Brotstufe** verkneten. Aus dem Topf nehmen und schöne Brötchen formen und 15 Min. gehen lassen, anschließend ca. 20 bis 30 min bei 200°C backen. Kurz vor Ende der Backzeit mit Wasser einsprühen.

Irische Kartoffelbrötchen

Milch im Mixtopf ca. **3 Min./60°C/Stufe 1** aufkochen und das angerührte Kartoffelmehl hinein geben. Abkühlen lassen. Restliche Zutaten in den Mixtopf geben und auf **4 Min./Stufe 3** verkneten. Im Mixtopf belassen und ca. 30 Min. gehen lassen. Erneut kurz durchkneten und zu Brötchen formen. Auf gefettetem Blech noch einmal gehen lassen (15 Min.) und bei 200°C bis 220°C, 15 bis 20 Minuten backen. ein Schälchen mit Wasser mit in den Backofen stellen.

Zutaten

500 g Weizenmehl
50 g Kartoffelmehl
¼ L Milch
1 Pr. Salz
1 P. Hefe
1 TL Zucker

Kastanienbrötchen

Zutaten

450 g Mehl
100 g Kastanienmehl
(oder gemahlene Walnüsse)
1 TL Salz
1 Pr. Zucker
1 Würfel Hefe
320 ml lauwarmes Wasser
1 Pr. Natron

Alle Zutaten in den Mixtopf geben und ca. **5 Min./Brotstufe** zu einem Teig verarbeiten. Teig im Mixtopf ca. 1 Std. gehen lassen. Nochmals ca. **1 Min./Brotstufe** kneten lassen. Spatel zur Hilfe nehmen. Auf einer bemehlten Arbeitsfläche in ca. 30 Portionen teilen, zu Kugeln formen und die Oberfläche mit Mehl bestreuen. Mit Abstand auf ein mit Backpapier ausgelegtes Backblech legen.

Mit einer Schere in die Brötchen so einschneiden, dass der Teig etwas hochgezogen wird und beim Backen wie ein Igel aussieht. Nochmals ca. 10 Min. gehen lassen. Den Backofen auf 260°C, Umluft 240°C vorheizen. Brötchen auf mittlerer Schiene in den Ofen schieben. Ca. 150 ml Wasser auf den Boden des Backofens gießen und sofort die Ofentür schließen. Sobald die Brötchen anfangen zu bräunen (nach ca. 7 Minuten) die Ofentür einmal öffnen, so kann der Dampf entweichen. Tür wieder schließen und ca. 10 Min. fertig backen.

Kartoffelnbrötchen

Dinkel **2 Min./Stufe 9** fein mahlen, restliche Zutaten hinzufügen, **3 Min./Stufe 4** verkneten. Teig entnehmen und Brötchen formen, mit Saaten nach Belieben bestreuen. Auf ein mit Backpapier ausgelegtes Blech in den NICHT vorgeheizten Backofen geben. Gehphase nicht nötig!!! Ca. 30–40 Min. bei 180°C Umluft backen. Schmecken kurz aufgebacken auch noch am nächsten Tag sehr frisch.

Zutaten

- 200 g Dinkel
- 200 g gekochte Kartoffeln
- 300 g Mehl
- 1 Würfel Hefe
- 1 TL Salz
- 1 Pr. Zucker
- 250 ml Wasser

Zutaten

500 g Mehl Type 405
1 Würfel Hefe
1 TL Salz
1 TL Zucker
50 g Distelöl
230 g lauwarmes Wasser
Käseraspel

Käse-Schwäbische-Weckle

Melanie Harter

Alles zusammen in den Mixtopf geben & **2 Min./Brotstufe** verkneten. Ca. 15 Min. im Mixtopf belassen. Anschließend eine Rolle formen und ca. 15 Brötchen formen. Jedes Brötchen mit geriebenen Käse bestreuen. Auf ein mit Backpapier ausgelegtes Blech geben und ca. 12-15 Min. bei Umluft 190°C backen.

Käsebrötchen, gefüllt

Milch, Butter, Hefe in den Mixtopf geben und **1 Min./50°C/Stufe 2** erwärmen. Nun Mehl und Salz hinzufügen und **2 Min./Brotstufe** zu einem Teig verkneten. ca. 30 Min. gehen lassen und nochmals kurz durchkneten. Teig in 12 Portionen unterteilen, und jeweils zu Kreisen mit ca. 15 cm Durchmesser ausrollen. Für die Füllung Zutaten kurz mischen und in die Mitte der Teiglinge geben, zu Kugeln formen mit Eigelb bepinseln, nochmals 10 Min. gehen lassen und ca. 25 min bei 180°C.

Zutaten

500 g Mehl
1 Würfel Hefe
200 ml Milch
125 g Butter
1 TL Salz
FÜLLUNG:
200 g geriebener Käse
2 Eigelb
100 g Quark
50 g Créme fraiche o. Schmand
Eigelb zum Bepinseln

Käse-Laugen-Happen

Melanie Harter

Hefe mit dem Zucker und Milch in den Mixtopf geben und **3 Min./ 37°C/Stufe 2** erwärmen. Ein paar Minuten stehen lassen. Alle Zutaten, außer Käse und Natron miteinander zu einem glatten Teig **3 Min./Brotstufe** verkneten und an einem warmen Ort zugedeckt ca. 30 Minuten gehen lassen. Wenn sich der Teig verdoppelt hat, 8-10 etwa gleich große Kugeln daraus formen. 1 l Wasser mit dem Natron aufkochen, dann jeden der Teiglinge für etwa 30 Sekunden mit einer Schaumkelle darin eintauchen, danach auf ein gefettetes Backblech setzten und kreuzweise einschneiden. Nochmals abgedeckt 20 Minuten gehen lassen, dann großzügig mit dem geriebenen Käse bestreuen und bei 190°C für 20-25 Min. backen. Diese Natron-Wasser-Mischung ist zwar keine ‚echte' Lauge, aber man erzielt optisch fast den gleichen Effekt.

Zutaten

- 500 g Mehl (Weizenmehl)
- 1 Würfel Hefe (42 g)
- 50 g Butter, weiche
- 250 ml Milch, warme
- 1 Pr. Zucker
- 1 TL Salz
- 200 g Käse, geriebener
- 3 EL Natron

Käse-Schinken-Brötchen

Alle Zutaten in den Mixtopf geben **2 Min./Brotstufe**. Aus dem Teig 10 Brötchen formen, ca. 15 Min. gehen lassen und bei 190°C ca. 25 Min. backen.

Zutaten

500 g Mehl
3/4 Würfel Hefe
1 TL Salz
100 g geriebenen Käse
150 g Schinkenwürfel
3 ½ MB warmes Wasser

Kleine Schwäbische - Milch-Kefir Zipfel

Melanie Harter

Kefir und Hefe in den Mixtopf geben und **3 Min./40°C/Stufe 2** mischen. Restl. Zutaten zugeben und ca. 1 Std. ruhen lassen. Nochmals durchkneten und nun ovale Brötchen aus dem Teig formen und dann nochmals 30 Min. gehen lassen. Mit Wasser einsprühen und bei 180°C Umluft ca. 15 – 20 Min. backen.

Zutaten

600 g Mehl Type 550
1 TL Salz
350 g Kefir
1 Würfel Hefe

Knoblauchbrötchen

Beate Sageder

Knoblauchzehen im Mixtopf auf **3 Sek./Stufe 8** zerhacken. Anschließend Mehl lauwarmes Wasser, Hefe, Obstessig, Salz, Zucker, Pfeffer, Rosmarin hinzufügen und **3 Min./Brotstufe** verarbeiten. Teig auf einer bemehlten Arbeitsfläche zu einer Rolle formen und ca. 3 cm breite Teiglinge abschneiden und zu Brötchen formen.

Auf ein gefettetes Backblech geben und da. 30 Min. gehen lassen. 1 Ei, etwas Öl und Milch mischen und mit einem Pinsel die Brötchen damit einstreichen. Die Brötchenoberfläche kann man jetzt in verschiedene Saaten tunken oder in Hagelsalz. Ca. 20–30 Min. bei 190°C-200°C goldgelb backen. Ein Schälchen Wasser mit in den Ofen stellen.

Zutaten

2 Knoblauchzehen
600 g Mehl Type 405
350 g lauwarmes Wasser
1 Würfel Hefe
1 Schuss Obstessig
1 TL Salz
½ TL Zucker
½ TL Pfeffer
½ TL Rosmarin
ZUM BESTREICHEN:
1 Ei, etwas Öl, Milch

mmmhh Lecker

Kümmel oder Salzstangen

Melanie Harter

Zutaten in den Mixtopf füllen und **3 Min./Stufe 4** verkneten. Den Teig im Topf ca. 60 Min. gehen lassen. Auf eine bemehlte Arbeitsfläche geben und gleich lange Stück abreißen und zu Rollen formen. Auf ein mit Backpapier ausgelegtes Blech geben und nochmals 15 Min. gehen lassen. Mit Ei-Milchgemisch bepinseln und mit Kümmel und Hagelsalz bestreuen. Auf mittlerer Schiene ca. 20–30 Min. backen bei 180°C-200°C.

Zutaten

500 g Weizenmehl Type 405
1TL Salz
1EL Zucker
1 Würfel frische Hefe oder
1 P. Trockenhefe
200 ml Milch
120 g Margarine
1 verquirltes Ei mit
etwas Milch zum Bestreichen
Kümmel und
Hagelsalz zum Bestreuen

Kümmelschrippen

Milch, Zucker, Butter und Hefe auf **2 Min./40°C/Stufe 1** erwärmen, Mehl und Salz dazugeben und **3 Min/ Stufe 3** verkneten. Im Mixtopf 30 Min. gehen lassen. Aus dem Mixtopf entfernen und in 20 Stücke teilen. Jedes Teil zu einem ovalen Brötchen formen und 3 Schlitze einschneiden. Mit einer Gabel Löcher einstechen und mit Eigelb bestreichen und mit Kümmel bestreuen. Auf ein mit Backpapier ausgelegtes Blech setzen und nochmals 5 Min. ruhen lassen. In den vorgeheizten Backofen schieben und ca. 10 Min. backen.

Zutaten

500 g Weißmehl
1 Würfel Hefe
1 TL Zucker
1 TL Salz
150 g Butter
250 ml Milch

Kümmel zu Bestreuen

Knusper-Körner-Brötchen

Mechthild Bogoslaw

Zutaten

- 350 g Weizenmehl
- 100 g Roggenmehl
- 50 g Dinkelmehl
- 1 Würfel frische Hefe
- 2 TL Salz
- 340 g lauwarmes Wasser

Den Hefewürfel und das Wasser in den Mixtopf füllen und **2 Min./37°Grad/Stufe 2** mischen, damit sich die Hefe auflöst. Danach das Mehl und das Salz dazugeben und **3 Min./Brotstufe** verkneten. Den Teig aus dem Mixtopf in eine Schüssel umfüllen und über Nacht mit locker aufgelegtem Deckel im Kühlschrank lagern. Am nächsten Tag den Teig auf eine bemehlte Arbeitsfläche geben und mit einer feuchten Teigkarte 8 Teiglinge abstechen. Diese entweder zu runden Brötchen formen oder einfach so auf ein Backblech legen. Nach Wunsch mit verschiedenen Körnern belegen. Die Teiglinge auf dem Blech ca. 25-30 Min. gehen lassen und dann im vorgeheizten Ofen auf 220°C ca. 20 Minuten backen.

Anmerkung: Dieser Teig eignet sich auch für ein Brot! Die Backzeit erhöht sich dann auf ca. 55-60 Min.

Zutaten

750 g Weizenvollkornmehl
1 EL Puderzucker
2-3 TL Salz
6 Scheiben gekochter Schinken, gewürfelt
250 g Gouda, gerieben
100 g Sonnenblumenkerne
2 P. Trockenhefe
500 ml lauwarme Milch

Knautschschweckle

Alle Zutaten in den Mixtopf geben und auf **3 Min./Brotstufe** verkneten. 30 Min. gehen lassen. Inzwischen ein Blech mit Backpapier belegen. Ofen auf 180°C vorheizen. Mit einem Esslöffel ovale Häufchen auf das Blech setzen, längs einschneiden und mit Wasser bepinseln. Ca. 30 Minuten goldbraun backen.

Kühlschrank-Brötchen

Bäckerbrötchen

Alle Zutaten in den Mixtopf füllen und **1 ½ Min. /Brotstufe** verkneten. Zum Bestreuen: Sonnenblumenkerne, Sesam oder Mohn. Den Teig in eine Schüssel füllen und über Nacht in den Kühlschrank ruhen lassen. Herausnehmen und ca. 10-12 Brötchen formen, kurz mit Wasser besprühen und dann mit Mohn, Sesam etc. bestreuen. Nochmals 30 Min. gehen lassen. Danach im vorgeheizten Ofen ca. 20 Min. bis 220°C backen.

Zutaten

(kann am Vortrag gemacht werden)
600 g Mehl Type 405
2 TL Salz
2 EL Sauerteigpulver
1 EL Brotgewürz
1 Würfel Hefe
ca. 350 ml Wasser
Zum Bestreuen: Sesam, Mohn, Sonnenblumenkerne

Kürbis-Seelen

Hokaidokürbis ca. **15 Sek./ Stufe 4-5** zerkleinern. Teigzutaten dazu geben und **5 Sek./Stufe 5** untermischen. Dann erst Haferflocken und Dinkelmehl zufügen und alles **3 Min./Brotstufe** verkneten. Teig umfüllen und ca. 30 Min. gehen lassen. Ein Backblech mit Backpapier belegen und mit gemischten Kernen (Sonnenblumen/Kürbiskernen etc.) bestreuen (ca. 80 g).

Dann mit nassen Händen 6 Seelen abstechen und mit den Händen etwas auseinanderziehen und auf das Backblech legen. Die restlichen Kerne darüber streuen. Ofen vorheizen (solange können die Seelen noch mal gehen), dann auf 200°C/Umluft/ca. 20-25 Min. backen.

Zutaten

200 g Hokaidokürbis
TEIG:
150 g Dinkelmehl Type 1050
300 g lauwarmes Wasser
100 g Joghurt
1 TL Salz
½ Würfel frische Hefe
100 g Haferflocken
350 g Dinkelmehl 1050
ZUM BETREUEN:
150 g gemischte Kerne, Kümm
und Hagelsalz

Krusten-Semmel

Beate Sageder

Zutaten

600 g Weizenmehl
200 ml lauwarmes Wasser
1 Würfel Hefe
200 ml Milch
1 ½ TL Salz
20 g Butter oder Margarine
2 EL Kartoffelpüreepulver

Alles in den Mixtopf geben und **3 Min/Brotstufe** zu einer Kugel verkneten. Umfüllen und zugedeckt 30 Min. gehen lassen. Teig auf einer bemehlten Arbeitsfläche flach drücken und ca. 50 g Stücke abschneiden und abwiegen. Jeweils zwei flache Stücke gut mehlen, und aufeinander legen. Zusammenrollen, so dass unten noch ein offener Schlitz ist. Diese Seite auf ein bemehltes Küchentuch legen, und zugedeckt 1 Stunde gehen lassen. Den Backofen auf 220°C vorheizen. Unten auf dem Backofenboden eine Fettpfanne mit kochendem Wasser stellen.

(Das soll den Dampf erzeugen) Teigstücke mit der Unterseite nach oben auf ein Blech mit Backpapier legen. Bleche in den Backofen schieben, und etwa 30 Minuten backen, (Die Backofentüre mindestens 10 Minuten geschlossen halten!) evtl. die Backtemperatur auf 180°C verringern. Nur so erhalten die Semmeln eine schöne, krosse braune Kruste. Die Krustis sollten am Schlitz etwas aufreißen.

mmmhh Lecker

Laugenbrezel

Alle Zutaten in den Mixtopf geben und auf der **2 Min./ Brotstufe** kneten und umfüllen und an einem warmen Ort gehen lassen. Ca. 30 Min. Den Teig abstechen und Brezeln mit den Händen formen. Für die Natronlauge: Natron in heißem Wasser auflösen. Am besten eine Keramikschüssel verwenden. Die Brezeln kurz eintauchen, mit Hagelsalz oder Käse bestreuen. Auf einem mit Backpapier ausgelegtem Backblech bei 200°C ca. 20–30 Min. backen.

Zutaten

600 g Weizenmehl Type 405
1 Würfel Hefe
2 TL Salz
1 P. Zucker
4 MB lauwarme Milch

FÜR DIE NATRONLAUGE:

2 TL Natron
2 MB heißes Wasser

ZUM BESTREUEN:

Hagelsalz oder Käse

Lieblings-Brötchen

Alle Zutaten **1 ½ Min./Brotstufe** verkneten. Umfüllen. Mindestens 1 Stunde gehen lassen. Ofen auf 250°C vorheizen. Teig in beliebig viele Stücke teilen.

Jedes Teigstück ausrollen und dann wieder zusammenrollen und auf ein mit Backpapier ausgelegtes Blech legen. Backblech in die obere Mitte des Backofen schieben und auf 210°C reduzieren und 20 Min backen.

Zutaten

- ½ EL Salz
- 300 g Mehl Type 550
- ½ EL Zucker
- 1 Würfel Hefe oder 1 P. Trockenhefe
- 200 ml Wasser (lauwarm)

Malzbrötchen

Aus allen Zutaten in den Thermomix geben und auf **3 Min./Stufe 3** verkneten. Im Mixtopf 10 Minuten ruhen lassen. Teigstücke von 80 g abwiegen und zu runden Brötchen formen. Zugedeckt an einem warmen Ort 1 Stunde gehen lassen. Den Backofen auf 200°C vorheizen. Eine große Fettpfanne mit kochendem Wasser auf den Ofenboden stellen. Die Malzbrötchen mit Wasser besprühen und etwa 15-20 Minuten backen. Dabei die ersten 5 Min. den Ofen geschlossen halten, damit der Wasserdampf nicht entweichen kann. Nach dem Backen, die Brötchen aus dem Ofen nehmen, und auf ein Gitter legen. Nochmals mit Wasser besprühen, damit die Oberfläche schön glänzend wird.

Zutaten

- 500 g Weizenmehl Type 405
- 30 g Hefe
- 1 TL Honig
- 320 g Wasser
- 2 TL Salz
- 12 g Brötchenbackmittel oder
- 4 EL Kartoffelbreipulver
- 50 g Roggenmalz geröste
- 10 g Sauerteig getrocknet (Fertigprodukt)

Mehrkornecken

Jeannine Sorgatz

Roggenmehl mahlen **2 Min./ Stufe 8** Mehl, Leinsamen, Salz, Essig, Distelöl, Hefe und Wasser hinzufügen und **2 Min./Brotstufe** verkneten. In einer Schüssel mind. 3–4 Std. im Kühlschrank oder mind. 1 Stunde an einem warmen Ort gehen lassen. Hände kurz einölen und anschließend Brötchen formen ca. 10–12 Stück. Brötchenoberseite mit etwas Wasser besprühen und in Saaten nach Geschmack eintunken. Brötchen nochmals 30 Min. gehen lassen und bei 180°C, 25–30 Min. backen.

Zutaten

- 100 g Roggenmehl
- 500 g Mehl Type 1050
- 50 g Leinsamen
- 2 TL Salz
- 2 EL Essig
- 50 g Distelöl
- 20 g frische Hefe
- 370 ml lauwarmes Wasser
- Saaten zum Eintunken

Mehrkorn-Brötchen

Zutaten

- 150 g Roggenmehl Type 997
- 450 g Weizenmehl Type 1050
- 1 TL Salz
- 2 TL Essig
- 50 g Öl
- 2 Eier
- 1 Würfel Hefe oder 2 P. Trockenhefe
- 300 ml lauwarmes Wasser
- 50 ml lauwarme Milch
- Körner zum Bestreuen

Alles in den Mixtopf geben und **3 Min/Brotstufe** verkneten. In eine Schüssel umfüllen und ca. 1 Std. gehen lassen. Man kann ihn auch gut abends gut abgedeckt in den Kühlschrank stellen und am nächsten Morgen verarbeiten. Auf eine bemehlte Arbeitsfläche Brötchen formen und mit der Oberseite in Wasser tauchen und in Körner nach Wahl drücken. Auf ein mit Backfolie ausgelegtes Blech legen und nochmals 15 Min. gehen lassen. Ofen vorheizen und bei 190°C Ober/Unterhitze oder 170°C Umluft ca. 20–30 Min. backen. Brötchen lassen sich hervorragend einfrieren, dann nur ca. 15 Min. backen, auskühlen lassen, einfrieren und unaufgetaut nochmals 10–15 Min. bei ca. 200°C abbacken.

Milchbrötchen

Angelika Willhöft

Dinkel **2 Min./Stufe 8** fein mahlen, umfüllen. Weizen ebenfalls **2 Min./Stufe 8** fein mahlen. Dinkel wieder hinzufügen und lauwarme Milch, weiche Butter, Honig, Hefe, Salz zugeben und **4 Min./Brotstufe** zu einem glatten Teig verarbeiten. An einem warmen Ort mind. 30 Min. gehen lassen. Teig nochmals kurz durchkneten und dann zu Brötchen formen. Mit der Mischung aus Eigelb, Honig, Zimt und Wasser bestreichen. Nun mit Mohn, Sesam bestreuen. Nochmals gehen lassen und dann 15-20 Min. bei 200°C backen.

Zutaten

TEIG: 250 g Dinkel
250 g Weizen
¼ l lauwarme Milch
50 g weiche Butter
2 EL Honig
1 Würfel Hefe
1 TL Salz
ZUM BESTREICHEN:
1 Eigelb, 1 TL Honig,
1 TL Zimt, 2 EL Wasser
Zum Bestreuen:
Mohn & Sesam

Milchbrötchen - Kieler

Zutaten

500 g Mehl
½ Würfel Hefe
1 TL Zucker
1 TL Salz
320 g lauwarme Milc

Alle Teigzutaten in den Mixtopf füllen ca. **3 Min./Brotstufe** verkneten. ca. 15 Min. gehen lassen und nochmals kurz durchkneten und zu Brötchen verarbeiten und auf dein Backblech platzieren. Nochmals ca. 15-20 Min. gehen lassen. Mit Wasser besprühen und im vorgeheizten Backofen ca. 15-20 Min. bei 200°C backen. Ein Schälchen Wasser zum Verdunsten mit in den Ofen stellen.

Milchbrötchen - Rheihenweckchen

Milch in den Mixtopf geben und **1 Min./50°C/Stufe 1** erwärmen. Restliche Zutaten hinzufügen und **3 Min/Brotstufe** verkneten. Teig umfüllen und ca. 1-2 Std. gehen lassen. Auf einer bemehlten Arbeitsfläche nochmals per Hand gut durchkneten und falls nötig etwas Mehl hinzufügen. Schöne runde Brötchen formen und die Oberfläche mit einer Schere ein Kreuz oben einschneiden. Auf ein Backblech geben und nochmals 30 Min. gehen lassen. Auf der mittleren Schiene ca. 20–25 Min. / 200°C backen.

Zutaten

300 ml lauwarme Milch
1 Würfel Hefe
500 g Weizenmehl Type 405
50 g weiche Butter
1 TL Zucker
1 TL Salz
1 Ei

Müslibrötchen

Mechthild Bogoslaw

Alle Zutaten in den Thermomix füllen auf **3 Min./Brotstufe** zu einem Teig verarbeiten. 150 g Müsli hinzufügen und kurz unterrühren. Teig entnehmen und auf ein Backblech geben. Mit Wasser besprühen und mit Müslikörnern bestreuen. 30 Min. gehen lassen und dann bei ca. 200°C, 20–30 Min. hellbraun backen. Schälchen mit Wasser in den Backofen stellen.

Zutaten

450 g Weizenmehl
1 Würfel Hefe
100 g weiche Butter
1 EL Zucker
1 TL Salz
1 P. Zucker
150 ml Milch

ZUM BESTREUEN
150 g Müsli

mmmhh Lecker

Neujahrsbrezeln

Milch, Hefe und Zucker. **2 Min./37°C/Stufe 3** vermengen, anschließend Mehl Fett, 1 Eigelb, Salz in den Mixtopf geben und **4 Min./ Brotstufe** verarbeiten. Teig ca. 1 Std. gehen lassen, 10–12 Brezeln formen, 15 Min., 50°C im Ofen gehen lassen, mit Eiweiß bestreichen u. ca. 20 bis 25 Min. bei 200°C backen.

Zutaten

200 ml Milch
1 Würfel Hefe
3 EL Zucker
550 g Mehl
50 g Fett
1 Eigelb
(Eiweiß zum bestreichen aufbewahren)
½ TL Salz

Nussbrötchen

Evelin Ruckgaber

Walnüsse im Mixtopf **5 Sek./ Stufe 6** klein hacken. Alle anderen Zutaten hinzufügen und **3 Min./ Brotstufe** zu einem geschmeidigen Teig verarbeiten. Eine Rolle formen und in 15 Stücke schneiden. Brötchen formen und auf ein mit Backpapier belegtes Blech legen. Zugedeckt nochmals 10 Minuten gehen lassen. Die Brötchen mit Milch bestreichen, über Kreuz einschneiden und im vorgeheizten Backofen bei 200°C etwa 20 Minuten backen.

Zutaten

TEIG:
- 500 g Mehl
- 20 g Hefe
- 1 TL Salz
- 250 ml lauwarmes Wasser
- 1 Ei

AUSSERDEM:
- 200 g Walnüsse
- Milch zum Bestreichen

Partybrötchen

Evelin Ruckgaber

Roggen und Weizen **1 ½ Min. /Stufe 9** fein mahlen. Hefe, Mehl, Salz und Wasser zugeben und **4 Min./ Brotstufe** kneten. Die restlichen Körner in eine große Schüssel wiegen, den Teig zugeben und die Körner von Hand unterkneten. den Teig zugedeckt ca. 2 Stunden gehen lassen. Mit einem Löffel kleine Brötchen abstechen und auf ein Backblech geben, mit Öl oder Kondensmilch bestreichen und bei 230°C ca. 20 Min. backen.

Zutaten

1 Handvoll Roggen
1 Handvoll Weizen
500 g Mehl Type 1050
1 Würfel Hefe
1 ½ TL Salz
400 ml warmes Wasser
je 70 g Sesam
Leinsamen
Sonnenblumenkerne

Parker House Rolls

Kerstin Hagel

Einen Hefeteig im Mixtopf **3 Min./Brotstufe** herstellen. Nun in eine mit Butter ausgestrichene Schüssel legen, mit einem Küchenhandtuch bedecken und 1-1 1/2 Stunden gehen lassen. Nochmals kurz mit der Hand durchkneten und 10 Min. ruhen lassen. Den Teig in 2 Portionen teilen und zu 2 Rechtecken von 20 x 40 cm ausrollen. Jedes Rechteck in 4 Streifen von 5 cm Breite schneiden, jeden Streifen vierteln, sodass insgesamt 16 Rechtecke entstehen. Die obere Hälfte aller Rechtecke mit flüssiger Butter bestreichen, dann diese Hälfte nach unten überklappen und 1 cm Rand stehen lassen. Die gefalteten Teigstücke leicht überlappend (Anmerkung So, dass die kürzere Seite nach unten kommt) nebeneinander auf ein mit Butter ausgestrichenes Blech setzen und mit einem Tuch bedeckt 40 Min. gehen lassen. Mit flüssiger Butter bestreichen und im auf 220°C vorgeheizten Ofen 15-20 Minuten backen. Auf einem Gitterrost auskühlen lassen.

Zutaten

TEIG
- 1 Würfel Hefe
- 250 ml lauwarme Milch
- 2 EL Zucker
- 2 Eier
- 560 g Hartweizenmehl
- 2 TL Salz
- 60 g flüssige Butter

Zutaten

- 80 g Parmesan
- 30 g Pinienkerne
- 2 Knoblauchzehen
- 150 g frischen Basilikum
- 1 ½ MB Olivenöl
- 1 P. Salz
- 1 P. Zucker
- 1 bis 2 P. Blätterteig

Pestoschnecke

Pesto: Knoblauch **3 Sek./Stufe 5** zerkleinern. Parmesan und Pinienkerne hinzufügen und **30 Sek./Stufe 9** zerkleinern. Basilikum, Öl, Salz und Zucker hinzufügen und ca. **30 Sek./ Stufe 4** (Intervall) zu einer cremigen Masse verarbeiten. Die Blätterteigplatten ausrollen mit der Pestomasse bestreichen. Anschließend locker zusammenrollen und ca. 1 ½ cm breite Streifen abschneiden. Die Scheiben auf ein mit Backpapier ausgelegtes Backblech legen und ca. 15 Minuten bei 200°C hellgelb backen.

Pfirsich-Quark-Hörnchen

Jeannine Sorgatz

Alles in den Mixtopf füllen und **2 Min./Brotstufe**. Aus dem Teig Quadrate zu 12 x 12 cm ausrollen, mit Pfirsichmarmelade bestreichen. 1 kl. Dose Pfirsiche auf Stufe 3 zerkleinern. Den Teig mit den Pfirsichstückchen belegen und zusammenfalten (zu Rechtecken oder Dreiecken), mit Mandelstückchen oder Hagelzucker bestreuen. Bei 175-200°C etwa 15-20 Min. backen.

Zutaten

- 150 g Magerquark
- 6 EL Milch
- 6 EL Speiseöl
- 75 g Zucker
- 1 EL Vanillezucker
- 1 Pr. Salz
- 350 g Mehl
- 1 P. Backpulver
- Pfirsichmarmelade
- 1 kl. Dose Pfirsichen
- Hagelzucker
- Mandelstückchen

Pippi Langstrumpf Brötchen

Weizen, ca. **2 Min./Stufe 8** mahlen, Alle Zutaten bis auf die letzten 2 in den Mixtopf geben und **3 Min./ Stufe 3 – 4** zu einem geschmeidigen Teig verarbeiten. Ca. 15 Min. gehen lassen und nochmals kurz durchkneten lassen. Brötchen formen, Eigelb mit etwas Milch vermischen und die Brötchen darin eintunken. Dann die Oberfläche kurz in Semmelbrösel tauchen und auf ein mit Dauerbackfolie ausgelegtes Blech legen und bei 180°C (Heißluft) ca. 25-30 Min. backen.

Zutaten

- 200 g Weizen
- 350 g Weizenmehl Type 550
- 1 P. Backpulver
- 2 TL Salz
- 1 EL Zucker
- 500 g Quark
- 2 Eier
- 3 EL Milch
- 2 TL Schmand
- 50 g Sonnenblumenkerne
- 2 TL Semmelbrösel
- 1 Eigelb

Pikante Käseschnecken

Beate Sageder

Teig: Knoblauchzehen **3 Sek./Stufe 5** zerkleinern. Davon eine Hälfte zur Seite stellen! Mehl, Hefe, lauwarme Milch, Ei, Kräuter der Provence, Salz, Currypulver **2 Min./Brotstufe** zu einem glatten Teig verkneten, evtl. den Spatel zu Hilfe nehmen. Den Teig im Mixtopf gehen lassen, bis der Teig sich bis zum Deckel hebt. Anschließend den Teig nochmals auf der Brotstufe mit Hilfe des Spatels kurz durchkneten. Den Hefeteig auf 60 x 30 cm ausrollen. Füllung: Kräuter (nach dem Waschen gut abtrocknen!) bei Stufe 4 aufs laufende Messer fallen lassen, umfüllen. Gouda in Stücken **4 Sek./Stufe 6** zerkleinern, ebenfalls umfüllen. Zwiebeln vierteln und **4 Sek./Stufe 5** zerkleinern, umfüllen. Speck (evtl. etwas angefroren) **10 Sek./Stufe 5** zerkleinern, ca. **5 Min./ 100°C/ Stufe 2** andünsten. Nach 2 Minuten die Zwiebeln dazugeben. Umfüllen und erkalten lassen. 1 Dose Mais, Käse, Kräuter, die restliche Knoblauchzehe, Currypulver, grober Pfeffer hinzugeben und **10 Sek.** mit Hilfe des Spatels auf **Stufe 2** verrühren. Die Masse auf den ausgerollten Teig streichen, von der Längsseite her aufrollen und ca. 3 cm breite Stücke davon abschneiden. Die Hefeschnecken jeweils mit der Schnittfläche nach oben in eine gefettete Springform setzen und mit zerlassener Butter bestreichen. Mit Sesam bestreuen. Im vorgeheizten Backofen bei 220°C ca. 25 Minuten backen. TIPP: Statt Speck Kochschinken verwenden! Schmeckt milder.

Zutaten

TEIG: 2 Knoblauchzehen 500 g Mehl, 1 Würfel frische Hefe, 1/8 l lauwarme Milch, 1 Ei, Kräuter der Provence, 1 Pr. Salz, 1 TL Currypulver

FÜLLUNG: 4 EL frische Kräuter, 300 g Gouda, 3 Zwiebeln, 250 g Speck, 1 Dose Mais, die restliche Knoblauchzehe, Currypulver, grober Pfeffer

Zum Bestreichen: Zerlassene Butter

Pfannen-Nann

Zutaten

1 TL Zucker
20 g Hefe, frisch
150 ml Wasser, lauwarm
200 g Mehl
1 EL Butterschmalz
1 TL Salz
Öl, zum Ausbacken

Zucker, Hefe mit Wasser und Butterschmalz in den Mixtopf geben und **1 Min./50 °C/Stufe 2** auflösen. Mehl zugeben und **3 Min./Stufe 4** verkneten. Umfüllen und ca. 1 ½ Std. zugedeckt an einem warmen Ort gehen lassen. Danach Hände und Arbeitsfläche gut bemehlen. Den Teig in sechs Teile teilen, jedes Teigstück erst zu einer Kugel und dann zu einem flachen Fladen formen. Wenn's zu sehr pappt, Hände und Fladen neu bemehlen. Fertige Fladen ebenfalls einmal kurz in Mehl wenden. Eine beschichtete Pfanne mit einem mit Öl getränktem Küchentuch ausreiben, Pfanne heiß werden lassen. Fladen nacheinander hineingeben, von beiden Seiten backen. Pfanne dazwischen immer wieder kurz ausreiben. Hab leider keine genaue Zeitangabe, aber fertig sind die Brote, wenn sie von beiden Seiten leicht angebräunt und etwas aufgegangen sind. Warm schmecken sie am Besten, lassen sich aber auch kalt gut essen, bzw. im Toaster auf niedriger Stufe kurz wieder aufbacken.

Zutaten

500 g Weizenmehl Type 405
1 Würfel Hefe
2 TL Zucker
1 TL Salz
400 g Quark,
150 ml lauwarmes Wasser
1 Eigelb

Quarkbrötchen mit Hefe

Alles in den Mixtopf geben und ca. **4 Min./Stufe 3** vermengen. In eine Schüssel umfüllen und so lange gehen lassen bis sich das Volumen verdoppelt hat. Finger mit etwas Öl einreiben und aus dem Teig kleine Brötchen formen. Auf ein gefettetes Backblech legen und nochmals gehen lassen. (ca. 15 Min.) Eigelb mit etwas Milch verrühren und die Brötchen damit einpinseln. Im vorgeheizten Backofen bei 225°C ca. 20 Min. backen.

Tipp: man kann auch 3 EL Rosinen mit einarbeiten oder Schokostückchen.

Quarkbrötchen ohne Hefe

Angelika Willhöft

Alle Zutaten (außer Milch) in den Mixtopf geben und **3 Min./ Stufe 3** vermengen. Aus dem Teig mit bemehlten Händen runde Brötchen formen, auf ein gefettetes Blech legen und mit Milch bestreichen. Im vorgeheizten. Im Backofen bei 200°C, 20-30 Min. backen. Eignen sich auch gut zum Einfrieren!!

Zutaten

250 g Quark
1 Ei
1 Pr. Salz
1 TL Zucker
250 g Mehl
1 P. Backpulver
2 EL Milch

Quark-Butter-Hörnchen

Alle Zutaten in den Mixtopf geben und **3 Min./Brotstufe** verkneten. ca. 3-4 Std. ruhen lassen. Nun den Teig auf einer bemehlten Arbeitsfläche ca. 6 mm dick ausrollen. Mit einem Pizzaschneider rechteckig ausschneiden. Auf jedes Rechteck ein Würstchen legen und wieder zusammen rollen. 1 Eigelb mit etwas Wasser mischen und die Hörnchen damit bestreichen. Die Hörnchen bei 180°C ca. 25-30 Min. backen. (Man kann die Hörnchen auch mit anderen Sachen füllen: Marmelade, etc. dann die Ränder fest andrücken) Schmeckt auch super mit klein geschnittenen gek. Schinken und Raspelkäse!

Zutaten

200 g Mehl Type 405
100 g Butter
1 P. Magerquark
1 Ei
1 TL Salz
Würstchen

Quarkies

Zutaten

500 g Quark
100 g Butter
600 g Mehl
6 TL Backpulver
2 TL Zucker
2 TL Salz

Alles in den Mixtopf füllen und **3 Min./Stufe 4** verkneten. Aus dem Mixtopf nehmen, zu einer Kugel formen (bemehltes Backblech!!!), in 4 Teile teilen, nochmals vierteln und Brötchen formen. Auf ein Backblech legen, 5 Min. ruhen lassen, eine Tasse Wasser dazu und bei 190°C im Backofen backen, bis sie goldbraun sind.

Robert

Zutaten

Ansatz:
6 EL (60 g) Mehl Type 550 oder 812 oder 1050
1 ½ EL Zucker
20 ml Buttermilch
100 ml Magermilch

Alles Zutaten in den Mixtopf geben, **3 Min./Brotstufe**. Sofort umfüllen!
Robert verträgt genau wie sein Bruder Hermann kein Metall also eine Plastik oder Glasschüssel verwenden. Den Ansatz so lange stehen lassen bis er Blasen wirft. Dauert manchmal ein paar Tage. Danach den Behälter im Kühlschrank aufbewahren und nach dem Robertbrief weiter verfahren.

Zutaten

100 g Mehl (wie beim Ansatz)
200 ml Milch
20 g Zucker

Robert Brief

1. Tag erst mal stehen lassen 2.-4. Tag mit Holz oder Plastiklöffel umrühren 5. Tag 100 g Mehl (wie beim Ansatz, 200 ml Milch, 20 g Zucker, 6.-9. Tag fleißig umrühren. 10 Tag wieder füttern und danach weiterverarbeiten. Immer wieder 200 g für den neuen Ansatz wegnehmen. Dieses wird ohne Thermomix gemacht.

Rollbrötchen

Beate Sageder

Milch und Fett bei **2 Min./50° C/ Stufe 2** erwärmen.. Alle anderen Zutaten dazugeben und auf **2 Min./Stufe 3** kneten. Den Teig im Mixtopf ca. 30 Min. gehen lassen, dann nochmals durchkneten. Kleine Stränge formen und wie Rouladen aufrollen. Auf ein gefettetes Blech geben, erneut ca. 15 Min. gehen lassen. Mit einer Gabel einstechen. Mit Ei bestreichen und mit Mohn oder Sesam bestreuen. Bei 200-220°C ca. 15-20 Min. backen.

Zutaten

500 g Weizenmehl
1EL Salz
250 ml Milch
1 Würfel
1TL Zucker
50 g Margarine
1 Ei
Mohn Sesam zum Bestreuen

Rosinenschnecken

Der Renner bei Kindern

Die Zutaten in den Mixtopf geben und auf **2 Min./Stufe 3** zu einem Teig verarbeiten. Der Teig wird in Backblechgröße ausgerollt. Die ausgerollte Teigplatte wird mit lauwarmer Butter bestrichen. Darauf werden gleichmäßig Vanillezucker, Rosinen und Mandeln gestreut. Von der kürzeren Seite her rollt man den Teig auf und schneidet von dieser Roulade ca. zwei Zentimeter breite Scheiben ab. Diese legt man auf ein gefettetes Backblech und drückt sie leicht flach. Bei 225°C werden die Rosinenschnecken im vorgeheizten Ofen goldgelb gebacken. Wasser und Puderzucker verrühren und damit die heißen Schnecken bestreichen

Zutaten

150 g Quark
75 g Zucker
1 P. Salz
6 EL Milch
6 EL Distelöl
300 g Mehl
1 P. Backpulver
FÜLLUNG: 40 g Butter
75 g Rosinen, 50 g gehackte Mandeln , 1 P. Vanillezucker
GUSS: 2-3 EL Wasser
175 g Puderzucker

Zutaten

600 g Weizenmehl
1 Würfel Hefe
2 TL Zucker
3 TL Salz
360 g lauwarme Milch
ca. 100 g Rosinen

Rosienenbrötchen-Neumünsterraner

Weizenmehl, Hefe, Zucker, Salz, lauwarme Milch in den Mixtopf geben und **2 Min./Brotteigstufe** kneten. Den Teig aus dem Mixtopf nehmen und die Rosinen (nach Geschmack) mit den Händen in den Teig kneten. 30 Min gehen lassen. Brötchen formen und mit Wasser oder Dosenmilch bestreichen und auf ein mit Backpapier ausgelegtes Blech legen. Dann bei 200°C, mittlere Schiene ca. 20-30 Min. backen.

Rosienenbrötchen aus Kellinghusen

Zutaten

500 g Mehl
1 Würfel Hefe
250 ml warme Milch
80g Butter o. Margarine
80 g Zucker
1 mittelgroßes Ei
1 P. Salz
250 g Rosinen
2 EL flüssige Butter

Mehl, Butter, Zucker, Salz, Milch und das Ei in den Mixtopf geben.
2 Min./Brotstufe. Den Teig aus dem Mixtopf nehmen und mindestens 20 Min. gehen lassen. Anschließend die Rosinen unterarbeiten(mit den Händen rein kneten). Aus der Masse 10-15 Brötchen formen, mit flüssiger Butter bestreichen und nochmals 20 Min. gehen lassen. Die Brötchen bei 200°C, 15-20 Min. backen.

Rosinenbrötchen mit Quark

Zutaten

- 150 g Quark
- 80 g Milch
- 70 g Öl
- 70 g Zucker
- 300 g Mehl Type 405
- 1 P. Backpulver
- 50 g Rosinen

Alle Zutaten in den Mixtopf füllen und **2 ½ Min./Brotstufe** verkneten. Teig auf eine bemehlte Arbeitsfläche geben und Rosinen unterheben. Nun Brötchen formen und auf ein Backblech setzen und ca. 20 Min./180°C mittlere Schiene Umluft backen. Brötchen kurz vor Ende mit Zuckerwasser einpinseln und zu Ende backen.

Sonntagsbrötchen
á la Jeannine

Alles ca. **2 Min./Brotstufe** oder **Stufe 3-4** verkneten. Brötchen formen und auf ein Backblech legen. Mit dem Blumensprüher mit Wasser besprühen und über Nacht kalt stellen. So geht der Teig gut auf und wird lockerer. Ca. 20 Min. bei 200°C backen. Wenn man aus dem Teig Baguette formt diese ebenfalls über Nacht ruhen und gehen lassen und bei gleicher Hitze ca. 35 Min. backen.

Zutaten

500 g Mehl (550)
1 Würfel Hefe
330 ml Wasser
1 TL Salz

Semmeln Holsteiner - Art

Hefe, Zucker, Wasser und Butter **2 Min./50°C/Stufe 2** verrühren. Mehl, Salz zugeben und kurz auf **Stufe 4** verrühren. Nochmals **3 Min./Brotstufe** kneten. Im Topf lassen und ca. 30 Min. gehen lassen und nochmals **1 Min./Brotstufe** kneten. Semmeln formen und nochmals gehen lassen. Wer es körnig mag kurz mit Eigelb einstreichen und in Körnern z.B. Mohn, Sesam eintunken. Bei 220°C ca. 20–30 Min. backen.

Zutaten

600 g Mehl
30 g Hefe
350 ml lauwarmes Wasser
50 g Butter
1 EL Zucker
2 TL Salz
evt Eigelb, Mohn, Sesam

Schnelle Buttermilchbrötchen

ca. 10 Brötchen

Alles ca. **2 Min./Brotstufe** verkneten. Brötchen formen und auf ein Backblech legen. Mit dem Blumensprüher mit Wasser besprühen und über Nacht kalt stellen. So geht der Teig gut auf und wird lockerer. Ca. 20 Min. bei 200°C backen. Wenn man aus dem Teig Baguette formt dann ebenfalls über Nacht ruhen und gehen lassen und bei gleicher Hitze ca. 35 Min. backen.

Zutaten

- 400 g Mehl
- 1 P. Backpulver
- 1 TL Salz
- 1 Ei
- 200 ml Buttermilch
- 70 g kalte Butter
- 2 EL Milch zum Bestreichen

Süße Spanische Brötchen

Orangenblütenwasser, Wasser, Öl und Zucker in den Mixtopf füllen und **2 Min./40°C/Stufe 2** vermengen. Hefe und Eier hinzufügen auf **10 Sek./Stufe 6** mixen, Mehl und Salz zugeben **30 Sek./Stufe 3** dann nochmals auf **4 Min./Brotstufe** unterheben. Eventuell noch etwas Mehl zugeben. 10 Minuten ruhen lassen. Aus dem Teig Kugeln formen. Ein Eigelb mit etwas Wasser verquirlen und die Kugeln damit bestreichen. Auf ein gefettetes Blech legen und bei 50°C in den Ofen geben und so lange gehen lassen bis sie das Volumen verdoppelt hat. ca. 20 Minuten. Backofen auf 200°C stellen und die Brötchen ca. 10-15 Min. backen, bis sie goldbraun ist.

Zutaten

- 125 g Orangenblütenwasser (Reformhaus)
- 125 g Wasser
- 100 g Olivenöl
- 1 Würfel Hefe
- 100 g Zucker
- 2 Eier
- 1 TL Salz
- 700 g Mehl

Schokobrötchen auf zimtige Art

Mehl, Backpulver, Eier, Butter, Buttermilch, Zucker, Zimt und Salz in den Mixtopf geben und **2 Min./Brotstufe** miteinander verrühren. Zum Schluss die Schokostückchen **Stufe 3** untermischen. Teig in 16 Stücke teilen und rund formen. Kreuzweise einschneiden. Eigelb und Milch verrühren und die Brötchen damit bestreichen. Etwa 20-25 Minuten bei 200°C backen. Statt Schokostücke kann man natürlich auch andere Zutaten nehmen, wie Rosinen, Nüsse etc.

Zutaten

500 g Mehl
1 P. Backpulver
2 Eier
100 g Butter
200 ml Buttermilch
4 EL Zucker
½ TL Zimt
1 P. Salz
100 g Schokolade, gehackte
1 Eigelb
1 EL Milch

Schoko-Croissants

Milch, Hefe und Zucker **1 Min./40°C/Stufe 2** erwärmen. Nun die restlichen Zutaten zugeben und ca. **3 Min./Brotstufe** verkneten. Teig ca. 30 Min. im Topf gehen lassen. In drei Teile teilen und jeweils in große Vierecke ausrollen. Diese noch mal quer teilen und in die Mitte ein Stück Schokolade legen und mit dem gr. Ende anfangen sie aufzurollen. Spitze kommt zuletzt. Etwas formen. Mit Milch bestreichen und bei ca. 180°C Umluft ca. 20 Min. backen. Aus dem Ofen nehmen und mit dem Blumensprüher besprühen, so bekommen sie die glänzende Farbe.

Zutaten

TEIG:
- ¼ L Milch
- 1 Würfel Hefe
- 50 g Zucker
- 1 P. Vanillezucker
- 500 g Mehl
- 1 TL Salz
- 3 EL Öl
- 1 Ei

FÜLLUNG: 2 Tafeln Vollmilchschokolade

Sesam Sandwich Rolls

Zutaten

625 g Wasser, 21°C
½ Würfel Frischhefe
170 g Sauerteig
350 g Weizenmehl Type 550
Etwas Weizenmehl zum Bestäuben
400 g feiner Hartweizengrieß
Feiner Hartweizengrieß; zum Rollen
280 g Hartweizenmehl
1 EL Meersalz
Pflanzenöl
½ Tasse Sesamsamen, ungeschält

Den Backofen auf 200°C vorheizen. Wasser, Hefe, Sauerteig und Mehle und Salz in den Mixtopf geben **3 Min./Brotstufe** kneten, bis alles vermischt ist. Falls nötig den Teig mit einem Teigschaber von der Topfwand kratzen. Der Teig sollte weich, aber nicht klebrig sein. In eine geölte Schüssel füllen und drehen und von allen Seiten beölen. Dann mit Cellophan abdecken und min. 2 Std. gehen lassen. Den Teig auf eine bemehlte Arbeitsfläche geben und mit einem Teigschaber in 12 Stücke teilen. Jedes Teil zusammendrücken und die Ränder unter das Teigstück schieben, mit einem Tuch abdecken und 15 Minuten ruhen lassen. Ein mehlbestäubtes Küchentuch auf die Arbeitsfläche legen. Die Teiglinge erst in Wasser tunken, dann in Hartweizengrieß dann in das Mehl drücken. Die glatte Seite der Teiglinge mit Wasser besprühen und mit 2 Teelöffeln Sesamsamen bestreuen. Mit den übrigen Brötchen genauso verfahren, dabei die Brötchen in Reihen von 2-3 Stücken hintereinander anordnen (ca. 2 Bleche). Die Brötchen mit einem Tuche abdecken und bei Raumtemperatur etwa 1 Stunde gehen lassen. Mit einem scharfen Messer oder Klinge 2 x einritzen. Backofen öffnen und kurz mit Wasser einsprühen. Backbleche einschieben. Während der nächsten 5 Minuten noch 2 weitere Male Wasser einspritzen, danach die Türe für 15 Minuten geschlossen halten. Ca. 25-35 Min goldbraun backen. abkühlen lassen. Die Kruste sollte dünn und knusprig sein, das Innere weich mit gleichmäßig verteilten kleinen Löchern.

Zutaten

500 g Mehl Type 405
1 Würfel Hefe
1 TL Salz
100 g geriebenen Käse
150 g Schinkenwürfel
3 ½ MB warmes Wasser

Schinken-Käse-Semmel

Alle Zutaten im Mixtopf **3 Min./Brotstufe** verkneten. Aus dem Teig 10 Semmeln formen, 10 Min. gehen lassen und bei 190°C ca. 25 Min. backen.

Schwedische Mandelbrötchen

Den Backofen auf 200°C vorheizen.
Teigzutaten in den Mixtopf geben und **3,5 Min./Brotstufe** verkneten (falls zu weich noch etwas Mehl nehmen). Der Teig darf nicht zu weich sein, da die Brötchen sonst zu sehr auseinanderlaufen. Teig entnehmen in eine bemehlte Schüssel füllen und ca. 50-60 Min. gehen lassen. Dann den Teig kurz durchkneten, ihn in Teigstücke von etwa 50 g teilen und runde Brötchen daraus formen. diese mit einem Abstand von 5 cm auf mit Backpapier ausgelegte Backbleche setzen und im geöffneten Ofen bei etwa 40°C nochmals 30 Minuten aufgehen lassen, bis sich das Volumen verdoppelt hat. Nun mit verquirltem Ei bestreichen. Brötchen auf der mittl. Schiene ca. 15 Min. backen. Ein Schälchen mit Wasser in den Ofen stellen.

Zutaten

500 g Weizenmehl Type 405
50 g Zucker
½ TL Salz
50 g Mandel; gehackt (ganz zum schluss)
1 TL Kardamom
1 Ei, 1 Würfel Hefe
80g Butter
125 ml Kondensmilch
60 ml Vollmilch
Mehl; zum Kneten
1 Ei; zum Bestreichen

Zutaten

450 g Weizenmehl Type 550
1 Hefewürfel
250 g Wasser
1 ½ TL Salz
1 TL Zuckerrübensirup

BELAG :
Haferflocken

Schwedische Semmeln

Cathrin Heuck

Am Abend vorher :
Wasser und Hefe in den Mixtopf geben und **2 Min./37°C/ Stufe 1** auflösen. Mehl , Salz und Sirup dazugeben und **2 Min./ Brotstufe** kneten. Nun eine Rolle formen und ca. 10 Teigstücke abschneiden und zu Kugeln formen. Etwas mit Wasser besprühen und z.B. mit Haferflocken bestreuen. In eine mit Backpapier ausgelegte Springform gleichmäßig auslegen und über Nacht in den Kühlschrank stellen. Am nächsten Morgen: In den kalten Backofen (mittlere Schiene) 200°C Ober & Unterhitze ca. 20-25 Min.

Seelen

Alle Zutaten in den Mixtopf füllen und **2 Min./Brotstufe** zu einem Teig verarbeiten und ca. 30 Min. gehen lassen bis der Teig den Deckel hebt. Mit geölten Händen längliche Brötchen formen und diese auf ein mit Backpapier ausgelegtes Blech setzen. Mit etwas Wasser besprühen und mit Salz und Kümmel, Leinsamen, Sesam, Käse oder ähnlichem bestreuen. Anschließend bei 220°C ca. 25 - 30 Min. backen.

Zutaten

500 g Weizenmehl Type 405
250 g Weizenmehl Type 1050
2 TL Salz
½ TL Zucker
1 Würfel Hefe
500 ml Wasser
Sesam, Kümmel, Käse, Salz, Leinsamen

Salzbrezeln

Salzbrezeln sind ganz einfach und sehr schnell herzustellen. Sie eignen sich toll als kleiner Snack zu einem Glas Bier oder Wein. Am besten schmecken sie noch ofenwarm. Quark mit Milch und Öl in den Mixtopf geben und **30 Sek./ Stufe 2** glatt rühren. Salz, Mehl und Backpulver ebenfalls **3 Min./Stufe 3** unter den Quark kneten. Teig auf einer leicht bemehlten Arbeitsfläche zu einer Rolle formen. In sechs Gleichgroße Teile schneiden. Jedes Teil zu einer langen, dünnen Rolle formen, deren Mitte dicker ist, als die Enden. Dann Brezel formen und auf ein mit Backpapier belegtes Blech legen. Mit grobem Salz bestreuen. Ofen auf 200°C vorheizen und auf der mittleren Schiene ca. 15 Min. backen.

Zutaten

- 150 g Quark
- 1 EL Milch
- 2 EL Öl
- ½ TL Salz
- 100 g Mehl
- ½ TL Backpulver
- 1 EL Hagelsalz

Schinkenbrötchen n
Art des Hauses

Zutaten

TEIG:
500 g Mehl
20 g Hefe
1 TL Salz
250 ml lauwarmes Wasser
1 Ei

AUSSERDEM:
150 g roher Schinken
Milch zum Bestreichen

Alle Zutaten in den Mixtopf geben und **3 Min./Brotstufe** zu einem Teig verarbeiten. In eine Schüssel füllen und zugedeckt so lange gehen lassen, bis sich sein Volumen verdoppelt hat. Schinken in feine Würfel schneiden und unter den Teig kneten. Eine Rolle formen und in 15 Stücke schneiden. Brötchen formen und auf ein mit Backpapier belegtes Blech legen. Zugedeckt nochmals 10 Minuten gehen lassen. Die Brötchen mit Milch bestreichen und im vorgeheizten Backofen bei 200°C etwa 20 Minuten backen.

Sauerteigbrötchen

Alle Zutaten in den Mixtopf geben und **2 Min./Brotstufe** verkneten. Dann ca. 1 Std. gehen lassen. Nochmals **1 Min./Brotstufe** verkneten. Die Brötchen auf ein Tablett legen, abdecken und über Nacht im Kühlschrank aufbewahren. Am nächsten Tag die Brötchen bei 220°C ca. 20 Min. backen. Schälchen Wasser mit in den Backofen stellen und sie einige Male mit Wasser besprühen.

Zutaten

- *200 g Sauerteig*
- *600 g Weizenmehl Type 550*
- *1 Würfel Hefe*
- *Salz*
- *1 TL Honig*
- *200 ml Wasser*
- *200 ml Milch*

Sauerkrautbrötchen

Kerstin Hagel

Zutaten

100 g Zwiebeln
250 g Schinkenspeckwürfel
130 g Milch
120 g Wasser
30 g Hefe
500 g Mehl
½ TL Salz
130 g Butter
120 g Sauerkraut

Zwiebeln **4 Sek./Stufe 5** zerkleinern Schinkenspeckwürfel zugeben und **10 Min. /100°C/ Stufe 2** andünsten, umfüllen und eventuell abtropfen lassen. Milch, Wasser, frische Hefe in den Mixtopf geben und **2 Min./40°C/Stufe 2** erwärmen. Mehl, Salz, Butter in Stückchen zugeben, **2 Min. / Brotstufe** zu einem Teig verarbeiten und ca. 15 Minuten im Mixtopf gehen lassen. Sauerkraut und Zwiebelgemisch dazugeben und nochmals **2 Min./Brotstufe** mit Hilfe des Spatels untermischen, evtl. etwas Mehl dazugeben, falls der Teig zu feucht ist. Nochmals 15 Min. gehen lassen. Aus dem Teig 15-20 kleine Brötchen formen, (Teig ist sehr weich und klebrig) und diese nebeneinander in eine gefettete Springform setzen, nochmals 15 Minuten gehen lassen. Die Springform in den vorgeheizten Ofen 200°C ca. 35 Minuten backen.

Schoko-Müslibrötchen

Milch, Butter, Hefe in den Mixtopf geben und **1 Min/40°C/Stufe 2** erwärmen. Mehl, Weizensauer, Zucker, Salz dazugeben und **10 Sek./Stufe 3-4** verrühren. Anschließend **1 ½ Min./Brotstufe** verarbeiten. Rosinen (bzw. Schokoladenplätzchen evtl. etwas mehr als 50 g) hinzugeben und **30 Sek./Brotstufe** verkneten. Den Teig so lange gehen lassen bis er sich verdoppelt hat. Dann Brötchen formen und mit Wasser oder Milch bestreichen. Ofen auf 200°C vorheizen und bei 180°C ca. 20 Minuten backen.

Zutaten

- 3/8 L Milch
- 30 g Butter in Stücken
- 1 Würfel Hefe
- 500 g Weizenmehl
- 1-2 EL Weizensauer
- 6 EL Zucker
- 1 Pr. Salz
- 50 g Rosinen (bzw. Schokoladenplätzch evtl. etwas mehr als 50 g)

Überraschungsbrötc

Nicole Huber

Weizen, Roggen **1 ½ Min./ Stufe 10** mahlen. Weizenmehl, Hefe, Salz, Zucker, lauwarmes Wasser **2 Min./Brotstufe**. Diesen Teig 3 x zubereiten! Jeweils 40 Min. gehen lassen. Teig 1: 50 g angefrorenen Schinken **10 Sek./ Stufe 6** zerkleinern.. 1 Portion Teig ½ TL gem. Kümmel dazugeben, **20 Sek./Brotstufe.** Teig 2: 1 Portion Teig, Koriander, Sesam **20 Sek./ Brotstufe**. Teig 3: Leinsamen, 1 Portion Teig 20 Sek./ Brotstufe. Aus den Teigen längliche oder herzförmige Brötchen formen, mit Wasser bestreichen. Die Schinkenbrötchen mit Pfeffer, Sesambrötchen mit Sesam bestreuen. Die Leinsamenbrötchen in gehackte Haselnüsse drücken. Bei 200–225°C ca. 20 Minuten backen. Dabei eine Schüssel mit Wasser in den Backofen stellen.

Zutaten

150 g Weizen
150 g Roggen
200 g Weizenmehl
1 Würfel Hefe
1 ½ TL Salz
1 TL Zucker
320 ml lauwarmes Wasser
Teig 1: 50 g angefrorenen Schinken
½ TL gem. Kümmel
Teig 2: 1 Portion Teig, 1 TL Koriander, 2 EL Sesam
Teig 3: 2 EL Leinsamen, Pfeffer, Sesam, Leinsamen, Haselnüsse

Zutaten

500 g Dinkel
1 TL Salz
1 Würfel Hefe
1 EL Distelöl
350 ml lauwarmes Wasser
Kümmel oder Sesam zum bestreuen

Vollkornstangen

Nicole Huber

Dinkel in 2 Etappen **2 Min./Stufe 10** fein mahlen. Restlichen Zutaten zugeben und **3 Min./Brotstufe** verkneten. Teig im Topf ca. 30 Min. gehen lassen und nochmals kurz durchkneten. Mit nassen Händen in mehrere Portionen teilen und längliche Stangen daraus formen. Auf ein mit Backpapier ausgelegtes Blech legen und nochmals 15 Min. gehen lassen. Dann mit Wasser besprühen und mit Saaten bestreuen. Im vorgeheizten Backofen ca. 20 bis 25 Min. auf 230°-220°C backen. Schälchen mit Wasser mit in den Ofen stellen.

Vollkorn-Sesambrötchen

Roggen und Weizen jeweils im Mixtopf fein mahlen.. Backofen auf 220°C vorheizen. Alles in den Mixtopf füllen und **3 Min./Brotstufe** verkneten. 30 Min. zugedeckt an einem warmen Ort gehen lassen. Nun 16 gleich Teile abschneiden und zu Brötchen formen. Auf ein mit Backfolie ausgelegtes Backblech legen. Nochmals ca. 20 Min. gehen lassen. Brötchen mit Wasser einsprühen und in Sesam wälzen. Alles ca. 20–25 Min. 200°C backen.

Zutaten

150 g Roggen
450 g Weizen
120 g Sesam
30 g Sesam zum Bestreuen
1 ½ TL Salz
1 Würfel Hefe
400 ml lauwarmes Wasser
60 ml Vollmilch
Mehl; zum Kneten
1 Ei; zum Bestreichen

Vollkornsemmeln

Den geschroteten Leinsamen und den Sesam in eine Schüssel geben und mit ca. 3/8 Liter heißem Wasser begießen und ca. 3–4 Std. quellen lassen. Weizenvollmehl Salz, Sonnenblumenkerne, Kümmel, Anis, Hefe, Fett, Milch. Wasser vom Einweichen abgießen und den Leinsamen und Sesam in den Mixtopf geben. Restl. Zutaten zufügen und alles **3 Min/ Brotstufe** verkneten. Teig ca. 30 Min. gehen lassen. Ca. 30 Semmeln formen, auf 2 bemehlte Bleche setzen, nochmals etwas gehen lassen und dann bei ca. 220-240°C ca. 25-30 Min. backen.

Zutaten

ZUM QUELLEN:

100 g geschroteten Leinsamen
3 EL Sesam
3/8 L heißem Wasser
1000 g Weizenvollmehl Type 405
2 TL Salz, Sonnenblumenkerne
1 TL Kümmel
1 TL Anis
1 Würfel Hefe
50 g Fett
ca. 750 ml lauwarme Milch

Vinschgauer Tiroler Brötchen

Evelyn Ruckgaber

Roggen 1* **1 Min./Stufe 10** fein mahlen und umfüllen. Dinkel ebenfalls fein mahlen und umfüllen. Roggen 2* und Fenchel **2 Min./ Stufe 10** fein mahlen. Nun Dinkel zufügen, nun Wasser, Buttermilch, Sahne, Hefe und Salz in den Mixtopf geben und **3 Min./Brotstufe** verkneten. Mit einem Löffel (gut gehäuft) den Teig in Portionen aus dem Mixtopf nehmen und in das Roggenmehl gleiten lassen. Mit etwas Roggenmehl bestreuen und vorsichtig wenden, dann auf ein gefettetes Backblech geben. Ca. 30 Min. mit einem Handtuch abgedeckt gehen lassen und in den auf 250°C vorgeheizten Ofen geben. 15-20 Min. backen lassen, aber beobachten. Brötchen sollten nicht zu braun werden!

Zutaten

- 70 g Roggen 1*
- 250 g Dinkel
- 250 g Roggen 2*
- 1 TL Fenchel
- 300 g Wasser
- 100 g Buttermilch
- 100 g Sahne
- 1 Würfel Hefe
- 1 TL Salz

Waterwecken

Alle Zutaten in den Thermomix geben **4 Min./Stufe 3** zu einem glatten Teig verkneten. 50 kleine runde Kugeln formen und jeweils zwei davon auf ein mit Backpapier belegtes Blech legen. An einem warmen Ort zugedeckt etwa 1 Stunde gehen lassen. Backofen auf 220°C vorheizen. Die Wecken mit Wasser bepinseln und eventuell einschneiden. Eine Fettpfanne mit heißem Wasser füllen und auf den Ofenboden stellen. Wasserwecken etwa 15-18 Minuten backen. Dabei die Ofentür während der ersten 10 Minuten geschlossen halten. Nach dem Backen noch heiß mit Wasser besprühen, damit die Wecken einen schönen Glanz bekommen.

Zutaten

500 g Weizenmehl
40 g Hefe
1 TL Zucker
100 ml Wasser
200 ml Mineralwasser
2 TL Salz
4 TL Kartoffelbreipulver

Walnussbrötchen

Alles in den Mixtopf geben und **3 Min./Brotstufe** zu einem Teig verkneten. Nüsse ca. 20 Sek. vor Ablauf hinzufügen. Auf einem Arbeitsbrett ca. 1 Std. mit einem Geschirrtuch abgedeckt gehen lassen. Nun mit den Händen durchkneten und Brötchen daraus formen. Auf ein gefettetes Blech setzen und nochmals ca. 30 Min. gehen lassen. Backofen vorheizen und bei 200°C ca. 30–40 Min. backen.

Zutaten

100 g Roggenmehl Type 997
400 g Mehl 1050
2 TL Salz
1 TL Zucker
1 Würfel Hefe
1 TL Sauerteigpulver oder
1 EL Essig
300 ml Wasser
100 g Walnüsse
(vorher in wenig Fett kurz anrösten)

Weizenvollkorn-Brötchen

Alles in den Mixtopf geben und **3 Min./Brotstufe** kneten. Ca. 30 Min. gehen lassen und nochmals verkneten. Teig entnehmen und Brötchen daraus formen und nochmals 10 Min. gehen lassen. Dann im vorgeheizten Backofen ca. 10–20 Min. bei 220°-200°C backen.

Zutaten

250 g Schrot (Dinkel, Weizen, Sechskorn/ Vierkornmischung, Roggen)
250 g Mehl Type 405
20 g Hefe
2 EL Öl
1 EL Zucker
evtl. Brotgewürz
1 Pr. Salz
1 TL Sauerteig oder 1 TL Essig
2 MB Wasser

mmmhh Lecker

Zimtbrötchen

Mehl, Backpulver, Salz und Zimt in den Mixtopf geben und ca. **30 Sek./Stufe 4** verrühren. Anschließend Honig, Quark und Ei zugeben und **2 Min./Brotstufe** zu einem Teig verarbeiten. (eventuell noch etwas Milch zufügen!) Den Teig 30 Minuten gehen lassen. Anschließend Brötchen formen und diese auf ein gefettetes Backblech legen. Mit Milch bestreichen und bei 200°C ca. 20 bis 25 Minuten backen.

Zutaten

250 g Weizenvollkornmehl Type 1050
1 TL Backpulver
½ TL Salz
1 TL Zimt
1 EL Honig
150 g Quark
1 Ei
etwas Milch

Zimthörnchen

Alles in den Mixtopf geben und **3 Min./Brotstufe** kneten. Ca. 30 Min. gehen lassen und nochmals verkneten. Teig entnehmen und Brötchen daraus formen und nochmals 10 Min. gehen lassen. Dann im vorgeheizten Backofen ca. 10–20 Min. bei 220°-200°C backen.

Zutaten

TEIG:
500 g Mehl Type 405
1 Würfel Hefe,
1/8 L Milch
1 Ei
1 TL Salz
60 g Zucker
60 g Butter oder Margarine
Schale einer halben Zitrone,
ZUM BESTREICHEN:
80 g Butter
FÜLLUNG: 100 g Zucker ,
1 TL Zimt, Zuckerglasur

Guten Appetit

Unser Dank...
geht an alle Helferinnen, die uns so tatkräftig bei der Umsetzung dieser Rezepte geholfen haben!